［ビジネスツール］

手形法・小切手法
Law of Negotiable Instrument

池島真策［著］

税務経理協会

はしがき

　一般社団法人全国銀行協会の「平成29年版　決済統計年報」によれば，手形交換高（手形・小切手など）は，枚数及び金額ともに，徐々に減少傾向が続いているようです。手形・小切手の利用があまり見込まれる状況ではないなかで，こうした時代に手形法・小切手法を学んでみても何の意義があるのかと問われそうです。他方で，同じく全国銀行協会の年報において，いくつかある電子債権記録機関の一つであって，全国銀行協会が100％出資して設立した（株）全銀電子債権ネットワーク（でんさいネット）に関する「でんさいネット請求等取扱高」によれば，その利用者登録数および発生記録請求は徐々に増えており，今後は電子記録債権を用いた手形的活用方法が普及していくものと思われます。こうしたことからすれば，電子記録債権法を中心に学ぶことの方がより意義がありそうです。しかし，電子記録債権は，手形と共通するような制度も多く（例えば，電子記録債権の取引の安全を図るために，善意取得や人的抗弁の切断，支払免責などの仕組みを認めています），手形法を学ぶことは決して無駄ではないでしょう。

　そして，法律を専門としない学部・学科の学生にあっては，手形法や小切手法（有価証券法）を学ぶことは，民法の基礎理論（法律行為論や債権譲渡など）を学ぶ絶好の機会（教材）でありますし，今後，より利用が増加するであろう電子記録債権の理解にもつながります。また実践的な学びを求めているビジネスパーソンにあっても，格好のテキストになるでしょう。こうした方々が"ビジネス・ツール"として手形法・小切手法，さらに電子記録債権法を身につけていただけたら，それは私にとって望外な喜びであります。

　なお，私の家族はじめ，私を助けて下さったすべての方々に感謝を申し上げます。また，浅学の筆者にとって，こうした手形法・小切手法の教科書を執筆できるのも，慶應義塾大学・商法研究会の諸先生方の学恩に負うところが極め

て大きいといえます。また，大阪経済大学・経営ビジネス法研究会の諸先生方には，"ビジネス"との関わりで法律論を考える機会を与えて下さっています。こうした方々に，感謝の意を表します。もっとも，本書の内容に関する責任はすべて私にあります。忌憚のないご意見やご叱責をいただければ幸いです。

　最後に，本書の出版にあたり税務経理協会にはご快諾いただき，また書籍企画部の峯村英治さんには多大なご配慮いただきました。心より御礼を申し上げます。

2018（平成30）年6月
研究室からあべのハルカスを眺めながら
池島　真策

目　　次

はしがき

1.0　有価証券総論

- 1.1　有 価 証 券 ……………………………………………………1
- 1.2　有価証券の意義 ………………………………………………1
- 1.3　有価証券の種類 ………………………………………………3
- 1.4　他の証券などとの関係 ………………………………………4

2.0　手形・小切手総論

- 2.1　手形・小切手のしくみ ………………………………………5
- 2.2　手形・小切手と銀行取引 ……………………………………6
- 2.3　手形・小切手の経済的機能 …………………………………8
- 2.4　手形・小切手の特質 …………………………………………9

3.0　手 形 行 為

- 3.1　手形行為とは …………………………………………………13
- 3.2　手 形 理 論 ……………………………………………………14

4.0　手形行為と法律行為の一般原則

- 4.1　手形行為の要件 ………………………………………………17
- 4.2　手形行為者の署名 ……………………………………………17
- 4.3　手 形 能 力 ……………………………………………………19
- 4.4　手形行為における意思表示 …………………………………21

5.0 他人による手形行為

- 5.1 代理方式と代行方式 …………………………………25
- 5.2 手形行為の代理 …………………………………26
- 5.3 無権代理と手形行為 …………………………………28
- 5.4 手形の偽造 …………………………………31
- 5.5 手形の変造 …………………………………32

6.0 約束手形の振出

- 6.1 約束手形の振出の意義とその効果 …………………………………35
- 6.2 手形要件 …………………………………36
- 6.3 白地手形 …………………………………41

7.0 裏書

- 7.1 裏書の意義 …………………………………47
- 7.2 裏書の方法・方式 …………………………………48
- 7.3 裏書の効力 …………………………………49
- 7.4 裏書の連続 …………………………………51
- 7.5 善意取得 …………………………………56
- 7.6 手形抗弁 …………………………………59

8.0 特殊の裏書

- 8.1 特殊の裏書 …………………………………67
- 8.2 戻裏書 …………………………………67
- 8.3 無担保裏書 …………………………………70
- 8.4 裏書禁止裏書 …………………………………70
- 8.5 期限後裏書 …………………………………71
- 8.6 取立委任裏書 …………………………………71

8.7　質入裏書 ……………………………………………… 73

9.0　手形保証

9.1　手形保証の意義 ……………………………………… 75
9.2　手形保証の効力 ……………………………………… 76

10.0　支　　払

10.1　満期における支払 …………………………………… 79
10.2　満期以外の支払 ……………………………………… 82
10.3　支払の猶予 …………………………………………… 82
10.4　手形の書替 …………………………………………… 83

11.0　遡　　求

11.1　遡求の意義 …………………………………………… 85

12.0　為替手形

12.1　総　　説 ……………………………………………… 91
12.2　振　　出 ……………………………………………… 93
12.3　引　　受 ……………………………………………… 98
12.4　為替手形の特徴 ……………………………………… 101

13.0　小切手

13.1　総　　説 ……………………………………………… 105
13.2　振　　出 ……………………………………………… 107
13.3　小切手の譲渡 ………………………………………… 109
13.4　小切手の支払 ………………………………………… 110
13.5　線引小切手 …………………………………………… 112
13.6　小切手の遡求 ………………………………………… 115

14.0　手形・小切手上の権利の消滅

- 14.1　時　　　効 …………………………………………… 117
- 14.2　利得償還請求権 ………………………………………… 119
- 14.3　手形・小切手の喪失 …………………………………… 121

15.0　電子記録債権

- 15.1　概　　　要 …………………………………………… 123
- 15.2　電子記録債権の発生 …………………………………… 124
- 15.3　電子記録債権の譲渡 …………………………………… 126
- 15.4　電子記録債権の消滅 …………………………………… 128
- 15.5　電子記録債権の保証 …………………………………… 128
- 15.6　電子債権記録機関 ……………………………………… 129

参 考 文 献 ……………………………………………………… 131
判 例 索 引 ……………………………………………………… 133
事 項 索 引 ……………………………………………………… 135

1.0 有価証券総論

1.1 有価証券

　有価証券とは,「財産権（私法上の私権）を表章する証券であって, その権利の移転または行使に証券の占有を必要とするもの」と一般的には定義される（通説）。権利は, 目に見えない・手に取れないものであり, 流通させることは難しい。そこで, こうした権利を紙と結びつけることにより, 目に見えるように, そして手に取れるようにしたのが有価証券の制度である。これにより, 権利の行使を円滑に, 安全にすることができ, 権利の流通性が格段と高まるのである。ただし, 権利の移転・行使の態様は一様ではない。

　証券に結合している権利の内容は有価証券の種類によって異なるが, 有価証券には, 手形, 小切手, 株券, 社債券, 貨物引換証, 船荷証券, 倉庫証券などがある。これらの証券には, 経済的に価値ある権利が表章されている。

1.2 有価証券の意義

(1) 設権証券・非設権証券

　権利の発生と証券の関係を表したものとして, 設権証券と非設権証券がある。設権証券とは, 証券上に表章される権利の発生に, その証券の作成などの行為

によってはじめて発生するとする証券をいう。手形・小切手は設権証券である。他方、既に存在している権利を証券に表章するものを非設権証券という。非設権証券には、会社の設立や新株の発行によって株主の権利が発生し、既存の権利を表章する株券、運送契約上の運送品の返還請求権を表章する貨物引換証、寄託契約上の寄託物の返還請求権を表章する倉庫証券がある。

(2) 有因証券・無因証券

証券上の権利と原因債権との関連について表したものとして、有因証券と無因証券がある。有因証券とは、有価証券が表章する権利の効力が、その証券授受の原因である法律関係によって影響を受ける証券をいう。証券作成前に既に存在している権利を表章しているのであるから、法律関係の存否や有効・無効は、当然証券に影響することになる。非設権証券は常に有因証券である。有因証券としては、株券、貨物引換証、倉庫証券、船荷証券がある。

他方、無因証券とは、有価証券が表章する権利の効力が、その証券授受の原因である法律関係によって影響を受けない証券をいう。例えば、売買契約によって発生した債権・債務の決済手段として手形が作成された場合、その原因関係である売買契約が無効・取消しとなっても、証券（手形）上の権利は影響を受けない。なお、無因証券は、設権証券と密接に関連している。

(3) 文言証券・非文言証券

権利の内容と証券の関係について表したものとして、文言証券と非文言証券がある。文言証券とは、証券の表章する権利の内容が、証券に記載された文言のみによって定まる証券をいい、非文言証券は証券上の権利内容が実質的な関係によって決定され、実質と異なった証券の記載文言によって左右されない証券をいう。貨物引換証（商572条）、倉庫証券（商602条）、船荷証券（商776条・572条）は文言証券である旨の規定があるが、文言証券の典型であるといわれている手形・小切手にあっては、そうした旨の規定はない（手17条、小22条参照）。株券は非文言証券とされている。

(4) 指図証券

指図証券とは，証券上に記載された者またはその者が指図（指定）する者を権利者とする有価証券である。指図証券は裏書という行為によってなされる。手形，小切手，貨物引換証，倉庫証券，船荷証券などの有価証券は，記名式で発行されても法律上当然の指図証券としている（☞「1.3 有価証券の種類」②を参照のこと）。

(5) 呈示証券・受戻証券

これらは，権利行使にかかわるものである。呈示証券とは，証券上の権利を行使するためには，所持人が債務者にその証券を呈示することによって初めて適法な権利行使になるという証券である。また，受戻証券とは，証券と引換えでなければ債務者が証券上の債務の履行をなすことを要しないとする有価証券である。

1.3　有価証券の種類

証券の権利者の指定方法による分類として，①記名証券，②指図証券，③無記名証券，④選択無記名証券の四つに分かれる。

①記名証券とは，特定の者が証券上の権利者として記載されている有価証券であり，指図禁止手形（手11条2項）や記名社債券がこれに属する。

②指図証券とは，証券上に記載された者またはその者が指図（指定）する者を権利者とする有価証券であり，手形（手11条1項，77条1項1号），小切手（小14条1項），貨物引換証（商574条本文），倉庫証券（商603条1項），船荷証券（商776条）などがこれに属する（なお，民法520条の2以下を参照）。

③無記名証券とは，証券上に権利者の記載をしない有価証券であり，証券の所持人を権利者と認める証券である。持参人払小切手や無記名社債券などがこれに属する（なお，民法520条の20を参照）。

④選択無記名証券とは，証券上に特定の者を指定するとともに，証券の所持

人をも権利者として扱う有価証券である。

1.4 他の証券などとの関係

有価証券と類似する証券などとしては，証拠書類，免責証券，金券といったものがある。

(1) 証拠書類

証拠書類とは，権利または法律関係の存否を証明するものである。これには，借用証書，受取書（領収書），契約書類などがある。これらは，証券に権利が結びついているわけではない。あくまでも，権利または法律関係の存否を証明するための証拠書類にすぎない。

(2) 免責証券

免責証券とは，債務者（預り主）があらかじめ発行した証券（あるいは札）を持ってきた者に対して債務を履行すれば（預り品の引渡），たとえ相手方が無権利者であっても，債務者はその責を免れる効力を認められた証券である。ただし，債務者は，悪意または重大な過失がない場合に限られる。これには，下足札，デパートなどでの手荷物引換証，ホテルなどでのクロークで渡される番号札などがある。こうした証券をなくしたとしても，他の方法で自らが権利者であることを証明すれば，権利の行使は可能となるから，有価証券ではない。

(3) 金　　券

法律によって一定の目的のために表示された金額に応ずる価値物として扱われるものである。これには，郵便切手や印紙，紙幣などがある。金券が消滅した場合には，有価証券とは違い，除権決定（☞「14.3 手形・小切手の喪失」を参照のこと）によって権利行使を回復できるわけではない。

2.0 手形・小切手総論

2.1 手形・小切手のしくみ

　手形には，約束手形と為替手形がある。約束手形は，振出人が一定の金額を受取人に対して満期に支払うことを約束する証券である。例えば，A（買主）とB（売主）が，100万円の商品の売買契約をかわした。その支払として，Aが，売買代金の100万円を手形金額としてB（受取人）に対して満期（手形金額が支払われるべき期日）に支払うことを約束する証券（約束手形）を，Bに振り出すというという方法でなされる【図2－1】。Bは，満期にこの手形をAに示し（呈示），手形金を受け取ることになる。

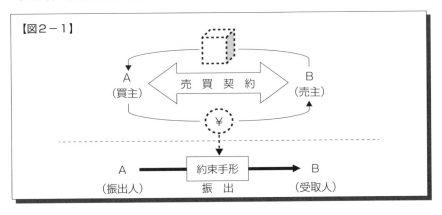

【図2－1】

為替手形は，振出人が第三者（支払人）に宛てて一定の金額の支払を委託する証券である（☞「12.0 為替手形」を参照のこと）。例えば，A（買主）とB（売主）が，100万円の商品の売買契約をかわした。AはXに対し100万円の売掛金を有していたので，A―B間の支払として，Xを支払人とする為替手形をBに振り出した【図2-2】。Bは，満期にこの為替手形をX（支払人）に呈示して，Xがその支払を引き受ける旨の署名をすることで，手形金を受け取ることになる。

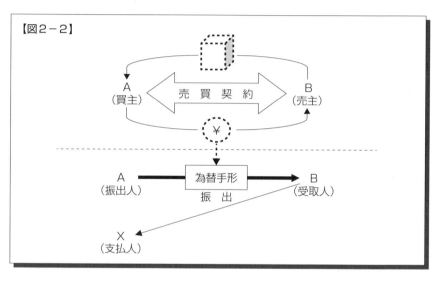

小切手は，振出人が支払人（銀行）に宛てて一定の金額の支払を委託する証券である（☞「13.0 小切手」を参照のこと）。為替手形と同様に，当事者は振出人，受取人，支払人の三当事者である。しかし，為替手形と異なり，支払人の資格は銀行に限られている（小3条）。しかも，小切手は，支払の手段または現金代用物として用いられる。

2.2　手形・小切手と銀行取引

本来，手形法や小切手法には，用紙についての定めはないので，これらの法

律に基づく手形や小切手も有効のはずである。しかし，実際には，これらを利用しようとする場合には，銀行との関係を無視しては行うことはできない。すなわち，手形や小切手にあっては，全国銀行協会の規格用紙である統一手形用紙・統一小切手用紙を使用しないと，銀行はその支払をしないことになっている。

　手形や小切手を利用しようとする者は，取引を希望する銀行と「当座勘定取引契約」を締結することになる。この当座勘定取引契約の内容としては，当座預金の受け入れである当座預金契約と手形や小切手などの支払委託契約の複合契約である。この契約を締結したのち，その銀行から統一手形用紙・統一小切手用紙の交付を受けて，これを利用することになる。

　手形は，自ら手形金の取立てに行くのではなく，自分の取引銀行に取立てを委任する。委任を受けた銀行は，一定の地域内にある銀行が申し合わせて一定の時刻に一定の場所に持ち寄って（手形交換所），自行が支払うものと他行が支払うものとを交換しあう。そして銀行間ごとの受け取り分と支払分との差額（交換尻）を算出する。その交換尻の決済という方法により行っている。

　しかし，支払期日を過ぎても，振出人の預金残高不足で，受取人に額面金額が支払われないことがある。これを不渡（ふわたり）というが，この不渡の事由には，形式不備や期日間違いなどの「０号不渡」，振出人の当座預金残高不足などの「第１号不渡」，契約不履行や詐欺・偽造・盗難などの「第２号不渡」の３種類がある。この第１号不渡を６カ月の間に２回以上だすと，銀行取引停止の処分を受けることになり，事実上の倒産に追い込まれる。

　なお，この当座勘定取引契約を締結する際に，「当座貸越契約」が結ばれることがある。これは，金融機関が取引先の当座預金残高を超過して振り出した手形や小切手を，一定限度まで金融機関の資金で支払いをすることによる貸し出しをすることである（☞「13.0 小切手」を参照のこと）。

　また，取引先に特に信用がある場合等，当座預金の残高を超えて銀行が任意で立て替えて支払いをする場合がある（過振り）。

2.3　手形・小切手の経済的機能

(1)　支払の手段・道具

　企業が取引をすると（例えば，売買契約），買主は商品に対する売買代金を払うことになるが，その支払に現金で支払う場合もあれば，手形や小切手を利用することがある。そうした取引において，現金を持ち歩いたりすることは危険であるし，その場で多額の現金のやり取りをすることは煩雑である。特に，小切手にあっては，受取人がすぐに資金化することができることから，現金代用物として用いられている（☞「13.0　小切手」を参照のこと）。

　また，手形にあっては，商品を先に受け取り，あとで代金を支払うということであるから，売買代金の延べ払いという意味もある。

(2)　信用の手段

① 　取引の際に手形を利用した場合には，売買代金をその場で支払わずにすみ，手形の満期までの信用を利用するという機能を持っている。すなわち，手形を受け取った売主は，買主を信用して手形の満期まで支払を延ばしているのである。

　　受取った手形は満期にならないと現金は手に入らないので，資金の必要性がないのであるなら満期まで保管しておけばよい。あるいは，手形を第三者への支払に充てることもできる。さらに，もし企業が商品の仕入れや人件費などの支払で資金が必要な場合には，満期がきていない手形を金融機関で現金化することができる（手形割引）。これは，手形を，券面額から満期までの割引料（利息その他の費用）を差し引いた額で金融機関に買い取ってもらい，現金化するものである（通説・判例は，これを手形の売買ととらえている）。

② 　金融機関が取引先に融資を行う場合に，借用証書（金銭消費貸借契約証書）の代わりに，金融機関を受取人，借り手である取引先を振出人とする約束手形を振り出させ，金銭を貸し付ける場合がある（手形貸付）。金融機

関は，弁済期を満期として手形の額面から満期日までの利息相当分を差し引いた金額を渡すことになる。手形貸付は1年以内の短期融資に利用されることが多いといわれる。借用証書による証書貸付けに比べ，簡便であり，印紙代も安いなどのメリットがある。

③　融通手形

売買契約などの商取引がないにもかかわらず振り出される手形のことであり，受取人はこの手形を金融機関などの第三者に割り引いてもらい資金を得る。これを融通手形というが，商取引のない手形のため，不渡になる可能性が高いといわれている。特に資金繰りが苦しくなった者同士が互いを受取人にして振り出しあう場合（馴合手形）には，連鎖倒産に陥る危険性がある。融通手形であるかどうかの判断は難しいため，注意する必要がある。

(3)　送金の手段

直接現金の輸送によらずに，金融機関を介して遠隔地への送金手段として為替手形が利用される。主に，外国との取引に基づく送金の手段として利用される。

(4)　取立の手段

遠隔地の債務者から金銭債権を取り立てる手段として利用される。

2.4　手形・小切手の特質

(1)　要式証券性

契約の一般原則からすれば，契約は当事者の合意だけで成立するので，書面化あるいは口頭といった方式は自由なはずである。しかし，手形・小切手は，記載事項が法定的に定型化されていて（要式証券性），しかもすべて書面上になされなければならない（書面性）。この記載内容によって，権利の内容を知るこ

とができる。

　この記載事項を欠くときは，手形・小切手は原則として無効となっている（手2条1項・76条1項，小2条1項）。それ故，手形・小切手はもっとも厳格な要式証券であるとされている。

(2) 文言証券性

　文言証券性とは，証券の表章する権利の内容・範囲が，証券の記載内容の文言のみによって定まる証券をいう。手形・小切手の権利は，証券上に記載された内容となるので，取得者がその証券上の文言にしたがって権利行使するのを，債務者は証券に記載されていない証券外の事実をもって拒むことができない。文言証券の典型であるといわれている手形・小切手にあっては，文言証券である旨の規定はない（手17条，小22条参照）。手形・小切手は，手形行為により記載されたとおりの権利が発生するというものであるから（設権証券），文言証券性をあえてうたう必要がないからである。

　手形行為は，一般に手形上の記載を内容とする意思表示により構成される法律行為ととらえられているので，こうした手形行為の内容は手形の記載，つまり文言を通じて客観的に判断されなければならない。手形要件の解釈にあたっては，手形に記載されていない事情に基づいて行為者の意思を推測して，または手形の記載の変更や補充をするような解釈をしてはならない（手形客観解釈の原則）。

　そして，手形行為は，法定の方式を形式的に要件を備えていれば，記載が事実と違う場合でも，その行為の効力を妨げられない（手形外観解釈の原則）。

(3) 設権証券性

　設権証券性とは，証券上に表章される権利がその手形振出行為によってはじめて発生する証券をいう。売買契約によって発生した債権・債務の決済手段として手形が作成される。つまり，その手形の振出により，その行為の原因となる売買契約による債権とは別個に，手形上の債権・債務が発生するのである。

(4) 無因証券性

無因証券性とは，有価証券が表章する権利の効力が，その証券授受の原因である法律関係によって影響を受けない証券をいう。具体的には，売買契約によって発生した債権・債務の決済手段として手形が作成される。それ故，その売買契約など（原因関係）が無効・取消しとなっても，手形上の権利は影響を受けない。

(5) 指図証券性

契約法の一般原則からすれば，権利の譲渡は，民法の債権譲渡の手続きが必要である。しかし，手形や小切手は，証券上に指図文句が記載されていなくても，法律上当然に裏書きによって譲渡できる証券でることから，法律上当然の指図証券といわれている（手11条1項・77条1項1号，小14条1項）。

(6) 呈示証券性

手形や小切手は転々と流通するため，債務者としては，いま誰が権利者であるか不明である。それ故，債務者としては，権利行使する者に対して証券の呈示を求めて確認する必要があるし（手38条，小29条），逆に，権利者は権利者としての唯一の立証方法となる。

(7) 受戻証券性

受戻証券性とは，二重払いの危険を避けるため，証券と引換えでなければ，債務者は証券上の債務の履行を拒むことができる証券である。手形や小切手の場合も，証券と引換えでなければ支払を受けることはできない（手39条，小34条）。

3.0 手形行為

3.1 手形行為とは

　手形・小切手になされる法律行為を手形行為（小切手行為）という。約束手形については，振出・裏書・保証であり，為替手形にあっては，振出・裏書・引受・保証・参加引受である。なお，小切手にあっては，振出・裏書・保証・支払保証である。

　こうした手形行為のうち，振出のように他の手形行為を前提としない「基本的手形行為」と，裏書などのように他の手形行為を前提とする「付属的手形行為」に分けられる。同一の手形には，数個の手形行為がなされる〔振出→（第一）裏書→（第二）裏書〕。つまり，先行の手形行為を前提として，後行の手形行為がなされる。しかし，そうした先行の手形行為の効力（無効や取消し）によって，後の手形行為の効力が影響を受けてしまうと，取引の安全を害することになる。

　そこで，同一の手形に数個の手形行為がなされた場合に，ある手形行為が無能力・偽造・無権代理などの実質的理由によって無効・取消しとなっても，それを前提とする手形行為の効力は影響を受けないとした（手形行為独立の原則）。具体的には，手形債務を負担する能力のない者（制限能力者）の署名，偽造の署名，仮設人（架空の人）の署名，その他の事由（詐欺・強迫による取消し，錯誤

による無効，無権代理など）により，手形の署名者またはその本人に義務を負わせることのできないために実質的に無効な場合でも，他の署名者の手形行為の効力はこれによって影響を受けない（手7条・77条2項）。

3.2　手形理論

　手形上の権利義務がいつ・どのような行為によって発生するかについては，見解が別れる。そこで，この問題に理論的な説明をすることを手形理論（手形学説）という。手形を作成したあとで，盗難や紛失により流通してしまった場合（交付欠缺の場合），手形の権利義務は発生しているのかどうか，あるいは署名者は善意の手形譲受人に対して手形債務を負うのかといった問題がある。どのような説をとるかにより，こうした問題に対する解決の道筋が異なる。

(1) 創 造 説

　創造説は，手形債務者となるべき者が署名を含む書面行為を完了した時点で手形債務は発生するという説である。手形の交付行為は必要ではなく，手形作成行為のみにより手形債務が発生する。さらに創造説にたちながら，手形行為を証券の作成と交付の二段階にわけて理解するという説がある（二段階創造説）。すなわち，第一段階としては，手形であることを認識しまたは認識すべくして手形に署名すれば手形債務が成立するという。この手形債務負担行為により，署名者が自己に対する権利者となる（単独行為）。そして，第二段階として，第一段階で成立した権利を移転する行為であって，当事者間の契約ととらえる。さらに，こうした二段階創造説を基礎に，第一段階の手形債務負担行為を無因行為とし，第二段階の権利の移転行為を有因行為とする説もある（移転行為有因論）。

　創造説は，交付欠缺の場合における善意で証券を譲り受けた者を保護することを主眼にしている。手形債務は，手形の作成行為によって発生するので，盗難や紛失という交付欠缺で手形が流通におかれたときでも，手形行為者の債務

負担は免れず,取得者は保護されることになる。

　しかし,交付欠缺という特殊な状況を理論的に構成するために,正常な状況をもひとつの理論構成として打ち立てようとしているが,むしろ正常な過程を基にして理論構成をすべきであるという批判がある。また,署名者が自己に対する権利者となるということは,手形債務者が同時に手形債権者になるということであり,自分自身に行使できない権利をもつということから,擬制的であるという批判もある。

(2) 発行説

　手形の署名者がその意思に基づいて手形交付の相手方に手形の占有を移転すれば,手形署名者の手形上の債務が発生するという説である。次の(3)交付契約説とは違い,承諾の意思表示を必要とはしないが,相手方のある単独行為と考える。

　さらに,この発行説には修正発行説があり,手形行為は不特定多数に向けられた単独行為であって,特定の相手方に到達する必要はなく,手形行為者が他人に交付するために手形の占有を任意に手放せば,手形債務が発生するという。

　いずれの発行説にしても,振出人が手形の法定事項の記載および署名をしただけでは手形債務は発生していないことになる。それ故,手形を作成して保管していたが,盗取というような交付欠缺で手形行為者の意思に反して手形が流通したような場合には,手形上の債務は発生しないことになり,善意の取得者は保護されないという批判がある。

(3) 交付契約説

　交付契約説は,手形の授受という方式でなされる契約によるとされるもので,振出人の手形の作成・交付により手形債務負担の申込みの意思表示がなされ,受取人の手形の受領により承諾の意思表示がなされるという。

　交付欠缺で手形行為者の意思に反して手形が流通したような場合には,手形上の債務は発生しないことになり,善意の取得者は保護されないという批判が

ある。

(4) 権利外観理論

　手形行為者の意思に反して流通したような交付欠缺の場合，(2)発行説や(3)交付契約説は，手形上の債務が発生しないことになり，善意の取得者は保護されないという批判があった。そこで，こうした善意の第三取得者を保護するため，発行説や交付契約説に権利外観理論を結びつける説が展開されている。すなわち，ある者が有効に手形債務を負担したかのような外観を作り出し，第三者はそのような外観を信頼し手形を取得したのであるから，外観作出者はその外観に基づく責任を負うべきであるという。判例においても，連続した裏書のある手形の所持人に対しては，悪意または重大な過失によって取得したことを主張・立証しないかぎり，振出人としての手形債務を負うとした（最判昭46年11月16日民集25巻8号1173頁）。

　なお，この権利外観理論により，署名者に手形上の責任を負わせるためには，真実らしい外観の存在に原因を与えた者の帰責性が必要である。この帰責性について，いかなる点に求めるかが問題となる。これに対しては，手形用紙に要件を記入し署名したこと，つまり手形であることを認識しまたは認識すべくして署名すればそれで帰責性があるものとする説や盗難・紛失などのため署名者の意思によらないで手形が流通した場合には，そのような意思によらない手形の流通を防止すべきことを署名者が相当な保管上の注意を欠いたことが帰責原因であるという説もある。

4.0 手形行為と法律行為の一般原則

4.1 手形行為の要件

　手形行為が有効に成立するためには一定の要件を満たす必要があるが，形式的要件として手形に法定の方式を備えた記載が要求されるが，実質的要件としては，手形能力のある者により瑕疵のない意思表示が必要とされている。

4.2 手形行為者の署名

　手形行為が有効に成立するには，形式的要件として，手形に法定の方式を備えた記載がなされることである。具体的には，振出にあっては法定の方式を具備した証券の作成であり，振出以外にあっては法定の方式を具備した証券の記載となる（手75条，1条，小1条）。特に，全ての手形行為にあっては，手形行為者の署名を必要としている。これにより，手形署名者には手形上の責任を認識させることになり，他方手形取得者にあっては手形行為者は誰かということを明確に認識させることができる。

(1) 署　　名
　署名とは，手形法上，手書きだけでなく，記名捺印を含む（手82条，小67条）。

記名捺印とは，ゴム印，印刷，ワープロなどによって記載し，これに印章を押捺することである。この印章は，印鑑の届出があるものに限らず，三文判や同姓の他人の印鑑でもよいし，さらに，記名と印章との関連性についても，他人の印章，雅号や古来の成句を彫った印でもよいとしている（大判昭8年9月15日民集12巻2168頁）。実務上は，銀行の届出印を用いることがほとんどであるという。

(2) 拇　　印

ここで問題となるのは，拇印が認められるかである。判例は，拇印はその鑑別には機械と特別の技能を必要とするので，同一性認識の表示方法としては適当ではないとした（大判昭7年11月19日民集11巻2120頁）。しかし，学説では，科学的方法より行為者の同一性をより正確に判別できるとか，手形法82条は記名拇印を排除していないなどという理由で，拇印を認める説もある。

(3) 署名の代行

署名といった場合に，本人自筆である手書きの必要があるか，あるいは他人による代書が認められるか（署名の代行）が問題となる。判例は，権限を与えられた他人による署名の代行を認めている（大判大4年10月30日民録21輯1799頁）。自署の代行は無効とする説が多いが，手形上に署名と見られる形象が作り出され，かつそれを自己の署名とする意思で作り出されたのであれば，手形の署名として有効と解すべきであるという説もある。

(4) 法人の署名

法人が手形行為者として署名する場合，代表者の署名なしに，直接法人の記名捺印をなすのみで足りるか（X株式会社㊞），あるいは法人名と代表関係の表示および代表者の署名が必要であるか（X株式会社　代表取締役A㊞），について問題となる。通説・判例（最判昭41年9月13日民集20巻7号1359頁）は，法人にあってはその機関の法律行為を離れて別に法人の法律行為があるわけではな

く，法人の署名とはその機関の地位にある自然人（代表者）の署名をいうという。つまり，法人名および代表関係を表示したうえで代表者が署名しなければならない。

4.3　手 形 能 力

　手形能力には，手形権利能力と手形行為能力がある。

(1)　手形権利能力
　手形権利能力とは，手形上の権利義務の主体（権利者・義務者）となることができる法律上の資格をいう。自然人はすべて権利能力を有するので（民3条），手形権利能力を有する。また，法人は，その目的の範囲にかかわらず，手形権利能力を有すると解されている。

　民法上の組合にあっては，一般には法人格をもたないので，通説・判例は，法人格のない組合自体の手形権利能力は認めていないが，組合の代表者がその権限に基づき組合の代表者名義の署名をもって約束手形を振り出した場合は，各組合員の氏名が表示された場合と同様，組合員は共同振出人として合同して手形上の責任を負うとする（最判昭36年7月31日民集15巻7号1982頁）。

　なお，判例は，権利能力なき社団や財団については，手形権利能力が認められると解されている（権利能力なき財団の手形行為について，最判昭44年11月4日民集23巻11号1951頁）。

(2)　手形行為能力
　手形行為能力とは，手形行為を単独で有効にすることができる法律上の地位あるいは資格をいう。この点について手形法に特別の規定がないので，民法の一般原則によって判断することとなる。

① 制限行為能力者
(a) 未成年者

未成年者（民4条）が法律行為をするには，その法定代理人の同意を必要とするが，法定代理人の同意を得ないでした手形行為は取り消すことができる（民5条1項・2項）。ただし，一種又は数種の営業を許された未成年者は，その営業に関しては，完全な行為能力を有する（民6条1項）。

(b) 成年被後見人

成年被後見人（精神上の障害により事理を弁識する能力を欠く常況にある者，民7条）の法律行為は，常に取り消すことができ（民9条本文），手形行為についても同様に取り消すことができる。

(c) 被保佐人

被保佐人（精神上の障害により事理を弁識する能力が著しく不十分である者，民11条）が民法13条1項各号の行為をするには，保佐人の同意を要する。保佐人の同意を得なければならない行為であって，その同意又はこれに代わる許可を得ないでしたものは，取り消すことができる（民13条4項）。「手形行為」が，この列挙に該当するかどうかが問題となるが，通説は，手形の振出・引受・裏書のような手形債務を負担する行為は「借財」（民13条1項2号）に該当するとしているので，保佐人の同意又はこれに代わる許可を得ないでした手形行為は，取り消すことができるとしている。

(d) 被補助人

被補助人が，民法13条1項に列挙された行為の一部について，その補助人の同意を得なければならない旨の審判を受けた場合は，補助人の同意又はこれに代わる許可を得ないでしたものは，取り消すことができる（民17条4項）。それ故，補助人の同意又はこれに代わる許可を得ないでした手形行為は，取り消すことができる。

② 取消しの相手方

制限能力者が手形行為を取り消す場合に，その意思表示を誰に対してしなければならないかという問題がある。判例は，手形の振出行為は手形債務を負担

する意思で手形を他人に交付することによって成立するものであるから，その行為の相手方は振出人から手形の交付を受けた最初の取得者であって，常に確定しているから，取消しの意思表示はその相手方に対してなされる必要があるとする（大判大11年9月29日民集1巻564頁）。しかし，学説は，取消しに深い利害関係をもつのはむしろ現在の所持人であることを考慮して，取消しの相手方は直接の相手方に限らず現在の所持人も含むと解する説が多い。なお，追認の意思表示についても，取消しと同様に解している。

4.4　手形行為における意思表示

　手形行為の意思表示に瑕疵や欠缺があった場合，その手形行為は無効または取消しとなるのであろうか。手形法にはこうした意思表示の瑕疵や欠缺に関する規定は存在しないので，民法の規定を適用すべきかが問題となる。

　手形法にそれに関する規定がない以上，手形行為に民法の規定が全面的に適用されるという説がある（全面適用説）。手形法も法律行為である以上，民法の一般原則が全面的に適用されるのは当然である。

　しかし，民法の意思表示に関する規定をそのまま適用すると，善意の第三者の保護が充分でないという批判がある。すなわち，

(イ)　心裡留保（表意者が真意でないことを知りながら意思表示すること。例：冗談であげる）は，原則としては有効であるが，相手方が表意者の真意を知るときは無効である（民93条）。平成29年の民法改正以前は，この無効は旧民法94条2項の類推適用により善意の第三者には対抗できないとされていた。しかし，平成29年の民法改正により，善意の第三者に対抗することができないという規定を93条2項に追加した。それ故，民法の規定を手形行為にそのまま適用した場合のこの結論は，善意の第三者保護に欠けるところはない。

(ロ)　虚偽表示（相手方と通じてした虚偽の意思表示）では，相手方と通じていたときは無効であるが，善意の第三者にはこの無効をもって対抗することが

できない（民94条1項・2項）それ故，善意の第三者保護に欠けるところはない。

㈧　錯誤（誤信，思い違い）による意思表示は取り消すことができる（民95条1項）。平成29年以前の民法では，その効力を無効としていたが，今回の改正で取消しと改めた。さらに，この民法改正では，同条1項の規定による意思表示の取消しは，善意でかつ過失がない第三者に対抗することができないとして，第三者保護の規定を設けた（民95条4項）。これにより，民法の規定を手形行為にそのまま適用した場合のこの結論は，善意の第三者保護に欠けるところはない。

㈡　詐欺（人を欺罔して錯誤に陥らせる行為）では，その意思表示は取り消すことができる（民96条1項）。そして，その取消しは善意の第三者には対抗することができない（民96条3項）。それ故，民法の規定を手形行為にそのまま適用した場合のこの結論は，善意の第三者保護に欠けるところはない。

㈤　強迫（他人に害意を示し，恐怖の念を生じさせる行為）では，その意思表示は取り消すことができ，その取消しをもって第三者にも対抗することができる（民96条1項）。それ故，手形取引の安全を欠くのではないかという問題がある。

平成29年の民法改正以前においては，心裡留保・虚偽表示・詐欺にあっては善意の第三者に対抗できないので，善意の第三者保護に欠けるところはないが，錯誤・強迫という場面においては，第三者にも対抗できてしまうので，手形取引の安全を欠くのではないかという問題があった。そこで，以前の議論をあげておく。

直接の当事者間では民法の規定が適用され，無効・取消しの主張ができるが，第三者に関する関係では，表示主義的な規定（心裡留保，虚偽表示，詐欺）はそのまま適用され，意思主義的な規定（錯誤・強迫）は表示主義的に修正して適用することで，善意の第三者には対抗できないという説がある（個別的修正説）。これは，手形取引の安全の観点から善意の取得者を保護すべきであるからという。この説に対しては，ある規定はそのまま適用され，ある規定には適用排除

または修正適用されるというのでは，恣意的であるという批判があった。

民法の意思表示に関する規定は，個別的な当事者間の法律関係に関するものであるから，手形のように行為者の意思が直接の相手方を通じて第三者に達し，行為者と第三者との間に生ずる関係を民法は予定していない。それ故，民法の規定は，手形上の意思表示の直接の相手方に対する関係においてのみ適用され，手形の第三取得者に対する関係は人的抗弁の問題（手17条）として処理すべきであるという説があった（一般的修正説）。しかし，これには手形債務の無効や取消しという問題にも，手形法17条但書を適用してよいかという問題が指摘されていた。同じく一般的修正説の部類にはいるが，民法の規定は，手形上の意思表示の直接の相手方に対する関係においてのみ適用され，手形の第三取得者に対する関係は権利外観理論によって解決されるべきであるという説があった。

他方，民法の意思表示に関する規定は全く手形行為には適用がないとする説もあった（全面適用排除説）。二段階創造説によれば，債務負担行為の段階では，手形行為であることを認識又は認識すべくして署名すれば，手形債務は有効に成立し，意思表示の瑕疵や欠缺の問題は生ぜず，民法の規定は適用されない。しかし，次の段階の権利移転行為は契約なので民法の適用があり，行為者の手形行為につき意思表示の瑕疵や意思の欠缺がある場合には取消し・無効の主張ができる。相手方は手形上の権利を取得していないので，署名者は相手方の無権利につき権利行使を拒むことができ，かつ手形の返還を求めることができるが，この手形を相手方が第三者に裏書した場合には，この第三者は善意取得の要件を満たせば，善意取得者として保護されることになるという。

判例は，「見せ手形（所持人に資金があるように見せかける目的で振り出された手形）」として貸して欲しいと頼まれて約束手形を作成して交付した署名者は，それが署名者の意に反して流通におかれたという事例では，本件の手形の振出行為は成立したものというべきであって，たとえその振出につき手形を詐取されたという事実があったとしても，そのような事由は悪意の手形取得者に対する人的抗弁事由となるにとどまり，善意の手形取得者に対しては振出人は手形上の義務を免れることはできないとした（最判昭25年2月10日民集4巻2号23頁）。

この事例では，個別的修正説にたって判示したものといわれている。

　また，強迫によってなされた手形振出の意思表示は取り消しうるかということで争われた事例で，強迫による手形行為取消の抗弁は，手形法上いわゆる人的抗弁として，善意の手形所持人には対抗できないものとした（最判昭26年10月19日民集5巻11号612頁）。この事例では，個別的修正説にたって判示したものといわれている。

　さらに，手形金額の記載を誤認して裏書した場合の事例で，手形の裏書は，裏書人が手形であることを認識してその裏書人欄に署名又は記名捺印した以上，裏書としては有効に成立するのであって，裏書人は錯誤その他によって手形債務負担の具体的な意思がなかった場合でも，手形の記載の内容に応じた償還義務の負担を免れることはできないが，手形債務負担の意思につき悪意の取得者に対する関係においては，裏書人は人的抗弁として償還義務の履行を拒むことができるとした（最判昭54年9月6日民集33巻5号630頁）。この事例では，裁判所は全面適用排除説にたったと評釈する者もあるが，反対に全面的に排除する趣旨ではないと評釈する者もある。

　平成29年の民法改正により，錯誤も，心裡留保・虚偽表示・詐欺と同様に，善意の第三者保護に欠けるところはなくなった（民95条4項）。残るは，強迫という場面だけが手形取引の安全を欠くのではないかという問題になりそうである。こうした状況にあっても，以前の議論がそのままであるかどうか。

5.0 他人による手形行為

5.1 代理方式と代行方式

　手形行為は、本人によりなされる場合だけでなく、他人による手形行為がある。すなわち他人が本人に代わって行う場合である。その方式には、代行方式（機関方式）による手形行為と代理方式による手形行為がある。

　まず、代行方式による手形行為は、他人が本人に代わって本人の記名判と印章を押して、手形を振り出す場合もあれば（記名捺印の代行）、他人が直接本人の名称を手書きする方式（署名の代行）の場合もある。手形上には本人が自ら手形行為をしたかのように表示する場合である。例えば、「A 印」とか、「A株式会社」である。

　他方、代理方式による手形行為とは、他人によって手形行為がなされることを手形上に表示する場合である。例えば、「A代理人B」、「A株式会社　代表取締役B」といった場合である。これについては、「5.2手形行為の代理」で説明をする。

　署名の代行については、判例は手形行為をなすにあたり直接に本人の名を署し又はこれに代る記名捺印をしても、その手形行為は本人に対して効力を生ずるとしてきた（大判大4年10月30日民録21輯1799頁）。しかし、学説においては、署名の代行は、他人による代行になじまないという理由から無効であるという

のが多数説である。しかし，自署の代行も授権に基づいたものである限り有効な署名方法とする説も有力である。

また，記名捺印の代行については，判例および学説においても，この方式を認めている。そして，通説によれば，代行者の主観を問わず，権限のない者が行う代行，すなわち無権代行であれば偽造になると解している。

なお，実務においては，銀行を支払場所として手形を振り出しており，その結果銀行に届出のある印影と一致させるため，記名捺印による手形振出が多いといわれている。

5.2　手形行為の代理

(1) 代理方式による手形行為

有効な代理行為が成立するには，要件を備えないといけない。形式的要件としては，代理人が本人のために手形行為をすることを手形上に記載して自ら署名をすることであり，実質的要件としては代理人が代理権を有していることである。

(2) 形式的要件

代理人によって手形を振り出すためには，代理人が本人のためにすることを手形上に記載して代理人自身が署名することが必要である。つまり，手形上に①本人の表示，②代理関係の表示，③代理人の署名が必要となる。手形行為は書面性および文言性を有するから，手形上に本人を表示しなければならない。

本人の表示は，本人たる特定の人を認識しうる程度の記載があればよいとされている。それ故，通称や雅号・ペンネームなどでもよい。

また，代理関係の表示としては，代理人自身のためではなくて，本人のために手形行為をすることを認識しうる程度に手形面に代理ないし代表関係を認識できる程度の表示があればよいとされている（大判明40年3月27日民録13輯359頁）。したがって，「A代理人B」とか，「A株式会社代表取締役B」とするのが典型

であるが，代理や代表関係を直接示すものでなくても，支配人，営業所長，営業部長，経理部長といったものの表示でもよい。法人が手形行為者として署名する場合には，その代表機関が法人のためにすることを明らかにして自己の署名をすることを要するとしている（最判昭41年9月13日民集20巻7号1359頁）。

また，手形の振出人欄に会社の商号と代表者の氏名が記載され代表者の印が押捺されていた事例で，すなわち手形上の表示からは，手形の振出が法人のためになされたものとも，代表者個人のためになされたものとも解しうる場合には，手形所持人は法人および代表者個人のいずれに対しても手形金の請求をすることができると判示した（最判昭47年2月10日民集26巻1号17頁）。

(3) 実質的要件

他人による手形行為の効果が本人に帰属するためには，上記の形式的要件の他に，実質的要件として，代理人が本人のために手形行為をする権限（代理権）を有していなければならない。

① 代理権の授与

手形行為をする代理権の授与は，個々になされる場合もあれば，法律によって包括的になされる場合もある。例えば，代表取締役であれば，会社法により，株式会社の業務に関する一切の裁判上又は裁判外の行為をする権限が授与される（会349条4項）。また，支配人も同様である（会11条1項）。こうした者の権限に制限を加えても善意の第三者に対抗できない（会11条3項，349条5項）。

② 利益相反取引

ところで，取締役がその地位を利用し会社と利益が相反するような取引をする場合，会社の利益を犠牲にして自己又は第三者の利益を図ることがあるため，会社の承認を要する者として会社の利益を図ろうとしている。そこで，この規定に違反，すなわち取締役会（取締役会非設置会社にあっては，株主総会）の承認を得ないでした手形行為の効力が問題となる。

判例は，当初承認がない取引は追認がない限り無効であるとし，手形行為もこの取引にあたるので，承認がなければ会社は善意の所持人に対しても手形行

為の無効を主張しうるとしていた（大判明42年12月2日民録15輯926頁）。すなわち，絶対的無効の立場をとっていた。しかし，その後の判例（最大判昭46年10月13日民集25巻7号900頁）では，株式会社がその取締役にあてて約束手形を振出す行為は，原則として利益相反取引にいう取引に当り，会社は当該取締役に対しては取締役会の承認のなかったことを理由に，その手形振出の無効を主張できるが，裏書により取得した第三者に対しては，この手形が会社からこの取締役にあてて振出され，かつ，その振出につき取締役会の承認のなかったことについて第三者が悪意であつたことを主張・立証しない限り，振出人としての責を免れないとした。多くの学説も，この相対的無効説をとっている。

5.3 無権代理と手形行為

(1) 総　説

　民法上，無権代理には大きく分けて，表見代理と狭義の無権代理がある。表見代理は，代理権があると信頼した善意の第三者を保護するため，第三者が代理権につき信頼し，かつ，そのように信頼したことに過失がない場合（善意・無過失の場合）には，本人が責任を負う旨を定めている（民109条，110条，112条）。他方，無権代理においては，代理権が存在しないのであるから，本人が追認をしない限り，本人に効果が帰属することはない（民113条1項）。

　手形行為においても，代理人である他人に有効に振り出させるためには，形式的要件と実質的要件を備えなければならない。しかし，本人から代理権が与えられていないにもかかわらず，本人の代理人となって手形を振り出しても，手形上の責任を負わないのが原則である。本人は物的抗弁としてすべての手形所持人に対して対抗することができる。ただし，手形行為においても，本人が追認をした場合や表見代理の規定が適用される場合は，本人が責任を負うことになる。

　なお，平成29年の民法改正により手形行為との関係，特に手形行為と代理についてはどのようになるか明確ではない部分もあるので，今までの議論を中心

に掲載するにとどめておく。

(2) 手形行為の無権代理
① 無権代理人の責任
無権代理人は，手形上に代理関係を記載し代理人として手形行為をしているのであるし，自己の名において手形行為をしたわけではないので，手形行為に基づく責任を負うことはない。しかし，手形流通の保護を目的に，権限なくして手形上に代理人として署名した者は，手形上の責任を負う（手77条2項・8条1文）。これは，手形上に本人として表示された者が責任を負うかのごとく表示したことに基づく法定の担保責任であるとされている。

手形所持人は，本人に対する請求が拒否されたときには，（無権）代理人が代理権の存在を立証しない限り，手形上の責任を求めることができる。

無権代理人は，もし代理権があったとすれば本人が負担するはずであったものと同じ内容の手形上の責任を負う。

② 無権代理人の権利
無権代理人が手形法8条の責任を履行した場合には，本人が取得したはずの権利と同じ内容の権利を取得する（手8条2文）。それ故，裏書人として手形を受け戻した無権代理人は，自己の前者に対して再遡求をしたり，手形の振出人に対して権利を行使することができる。

(3) 手形行為と表見代理
前述のように，手形行為にも民法の表見代理の規定が適用される。しかし，表見代理における「第三者」とはいかなる範囲の者を指すのかが問題となる（直接の相手か，手形の第三取得者か）。判例は，手形振出行為の表見代理における第三者とは，（無権）代理人と法律行為をした直接の相手方をいうものと解すべきとしている（最判昭36年12月12日民集15巻11号2756頁，最判昭52年12月9日金商541号3頁）。判例が直接の相手方に限定している理由としては，当事者間の具体的事情は直接の相手方以外の第三者は知ることができないので，そうした

事情を信頼して手形を取得することはほとんどないからであるという。しかし，学説の多くは，手形流通の保護から，第三者とは直接の相手方に限らずその後の手形取得者も含むとしている。

(4) 無権代理の成立と表見代理の成立

表見代理が成立する場合に，無権代理人の責任を追及できるかという問題があるが，通説・判例（最判昭33年6月17日民集12巻10号1532頁）は，表見代理に関する規定は善意の相手方を保護する制度であるから，表見代理が成立すると認められる場合であっても，この主張をすると否とは，相手方たる手形所持人の自由であり，所持人としては，表見代理を主張して本人の責任を問うことができるが，これを主張しないで，無権代理人に対し手形法8条の責任を問うこともできるものと解している。

(5) 超権代理（越権代理）人とその責任

手形行為につき一定の金額の範囲で代理権を与えられている者が，その範囲を超えて手形行為をした場合，本人と超権代理人が負担する責任の範囲が問題となる。手形法8条は，「権限ヲ超エタル代理人ニ付亦同ジ」（手8条3文）としているが，超権代理ないし越権代理という。多数説は，権限を与えた範囲で本人が負担をし，超権代理人は全額（全体）について無権代理人としての責任を負うとしている。

(6) 権限濫用による手形行為

この代理権限の濫用は，自己または第三者の利益を図る目的で代理権の範囲内の行為をすることであり，代理人はその法律効果を本人に帰属させる意思があるため，こうした場合の行為は有効な手形行為となる。ただし，相手方が代理人の権限濫用の意図を知りまたは知ることができた場合にまで相手方を保護する必要はない。そこでは，判例は，心裡留保に関する旧民法93条ただし書を類推適用して，本人は，相手方が代理人の権限濫用の意図を知りまたは知るこ

とができたことを主張・立証して，手形上の責任を免れることができるとしていた（最判昭44年4月3日民集23巻4号737頁）。しかし，平成29年の民法改正により，そうした行為は無権代理とみなす旨の規定を新設している（民107条）。

5.4 手形の偽造

(1) 総説

手形の偽造とは，自らその手形について債務負担の意思がない者が，権限なく他人名義で手形行為をすることである。偽造の典型例としては，他人の名義を勝手に用いて手形行為をすること，他人から預かった印章を勝手に利用するとか，盗取してきた印章や偽造した印章を使用して他人名義の記名捺印をつくりだす場合などがある。

(2) 被偽造者の責任

被偽造者（名義を冒用された者）は，被偽造者自身の手形行為は存在しないのであるから，手形上の責任を負わないのが原則である。しかし，多くの学説や判例（最判昭41年7月1日判タ198号123頁）は，偽造による手形の場合にも，無権代理の場合と同様に（民113条・116条），被偽造者による追認を認めている。

また，無権限者が機関方式により手形を振り出して本人名義の手形を偽造した場合においても，表見代理に関する規定を類推適用すべきだとしている（最判昭43年12月24日民集22巻13号3382頁）。

(3) 偽造者の責任

偽造者も手形上に自己の署名をしたわけではないから，手形上の責任を負うことはない。偽造の場合には，その手形面上の記載に偽造者の名義がでてこない点において無権代理の場合とは大きな差異があり，手形の文言証券の性質上も，また手形を受ける第三者の信頼性の点からも，偽造者に手形上の責任を負担させる理由はないとしている。

しかし，学説や判例（最判昭49年6月28日民集28巻5号655頁）は，手形法8条による無権代理人の責任は，責任負担のための署名による責任ではなく，名義人本人が手形上の責任を負うかのように表示したことに対する担保責任であると解すべきところ，手形偽造の場合も名義人本人の氏名を使用することについて何らの権限がない者が，あたかも名義人本人が手形上の責任を負うものであるかのように表示する点においては，無権代理人の場合とかわりがないので，手形法8条の類推適用により，その責任を認める。

　こうしたことは，取引の保護を図るためのものであるから，偽造を知って手形を取得した所持人に対しては，偽造者は手形上の責任を負わないとしている（最判昭55年9月5日民集34巻5号667頁）。

5.5　手形の変造

(1) 総　　説

　手形の変造とは，手形に記載されている文言を無権限で変更することである。例えば，手形取得者が勝手に手形金額を変更してしまうとか，満期を繰り上げるなどといったものである。偽造は手形行為の主体を偽るのに対して，変造は手形行為の内容を偽るものである。

(2) 手形署名者の責任

　変造が行われた後の手形に署名した者は，変造された文言にしたがって責任を負うのに対し，変造前の手形に署名していた者は，原文言すなわち署名時の手形文言にしたがって責任を負う（手77条1項7号・69条，小50条）。すなわち，変造前の手形の署名者は原文言について手形行為をしたにすぎないのであるから，その原文言によって責任を負うことになる。他方，変造後の署名者は，変造後の文言を自己の意思表示とする手形行為をしたのであるから，それにそった責任を負うことになる。

(3) 変造の挙証責任

問題は，変造についての立証責任を誰が負担するかである。手形の外形によって立証責任を分けるのが通説である。すなわち，所持人は手形の外形に異状がない場合には現在の文言にしたがって請求でき，手形債務者がこれを免れるには，自己の署名後に変造されたこと及び変造前の文言を立証しなければならないとする。

他方，変造を疑わせるような手形の外形の異状がある場合には，所持人は債務者が変造後に署名したことを立証しなければ，現在の文言による責任を追及できないとしている。

6.0 約束手形の振出

6.1 約束手形の振出の意義とその効果

　約束手形の振出とは，約束手形として要求される法定の要件を具備する証券を作成し，これを受取人に交付する手形行為である。約束手形の振出人は，振出という手形行為により，満期において手形金額の支払をなす義務を負い（手78条1項・28条1項），手形上の主たる義務者となる。

　この振出人の義務は，振出人が手形に支払約束文句を記載して署名したことから当然に負担するものであり，意思表示上の効果であり，かつ振出人の本質的な効果である。その内容をより詳しくみていく。

① 　約束手形の振出人の義務は，第一次的・無条件の義務である。それゆえ，手形所持人は，満期以後は手形を呈示することによって当然に振出人に対して手形金額を請求することができる。しかし，二次的・条件付であるといわれる裏書人の義務は，手形所持人が振出人に対して支払呈示期間内に支払の呈示をし，振出人が拒絶したときにはじめて生ずるものである（手77条1項4号・43条）。

② 　約束手形の振出人の義務は，絶対的な義務である。手形所持人が振出人に対して支払呈示期間内に支払の呈示をしないとしても，振出人は責任を免れない。しかし，約束手形の裏書人の償還義務は，手形所持人が振出人

に対して支払呈示期間内に支払のための呈示を怠ったときには消滅してしまう（手77条1項4号・53条1項）。

③　約束手形の振出人の義務は，最終的な義務者である。約束手形の振出人は手形所持人に対して債務を負うばかりでなく，償還義務を履行して約束手形を受け戻した約束手形の裏書人などに対しても義務を負う。他方，約束手形の裏書人は，償還義務を履行したときは，自己の前者である裏書人または振出人に対し，その支払った金額を請求することができる（手77条1項4号・49条）。

6.2　手形要件

(1) 絶対的記載事項

　約束手形を有効に振り出すには，一定の事項を記載した証券である手形を作成しなければならない。手形法では，どのような用紙であっても必要な事項（手形要件）を記載すれば（手75条），有効に振り出すことができる。しかし，実際には銀行で交付された統一手形用紙を用いることになっている。

　約束手形の手形要件としては，約束手形文句，手形金額，支払約束文句，満期（支払期日），支払地の表示，受取人の表示，振出日の表示，振出地の表示，振出人の署名であるが（手75条），これらは絶対的記載事項である。絶対的記載事項は，約束手形に必ず記載しなければならない事項であり，その一つでも記載を欠くと原則として手形が無効となる（手76条1項）。

6.0 約束手形の振出

【約束手形の図】

〈表〉

```
No._____     約 束 手 形  No._____

              殿
  印   金額
  紙   ¥1,000,000※          支払期日  平成  年 月 日      東 京0000
                             支 払 地                      0000-000
                             支払場所
       上記金額をあなたまたはあなたの指図人へこの約束手形と引替えにお支払いいたします   ○○銀行○○支店

       平成  年 月 日
       振出地
       住 所
       振出人
```

〈裏〉

（裏書欄省略）

(イ) 約束手形文句（手75条1号）

　約束手形には，約束手形であることを示す文字を記載しなければならない。統一手形用紙には，表題と本文の両方に「約束手形」と印刷されている。

(ロ) 手形金額（手75条2号）

　手形金額は，「¥1,000,000万円」というように一定の金額でなければならない。「○○万円ないし○○万円」や「○○万円以下」といったような選択的あるいは浮動的なものは許されない。

　以前は，実務において手形金額の変造防止のため，金額欄とそれ以外の場所に重複して金額を記載する場合があった。こうした場合，手形法においては，

文字と数字で記載されているときは文字で記載された金額を（例えば，「五万円」と「￥50,000」の場合は，五万円），文字または数字で重複して記載されているときは最小の金額（例えば，「￥30,000」と「￥80,000」の場合には，￥30,000）を，手形金額とするとしている（手6条1項，2項）。

しかし，同一手形上に，文字で「壱百円」とし，数字で「￥1,000,000－」と記載された手形が問題となった。第一審である岐阜地方裁判所（昭56年12月10日金判753号10頁）は，手形法6条1項により，手形金額は100円と判示した。しかし，控訴審である名古屋高等裁判所（昭57年7月29日判時1051号142頁）は，100円の手形は一般常識ではありえないし，「壱百円」は漢数字であり文字ではないこと，および誤記であることは明らかであるから金額不確定とはいえないなどの理由から，手形6条1項・2項の適用はないから，算用数字で記載した金額100万円を本件手形金額とすべきものと解するのが相当であるとした。ところが，最高裁判所（昭61年7月10日民集40巻5号925頁）は第一審である岐阜地方裁判所と同様100円とする判断をした。

(ハ) 支払約束文句（手75条2号）

振出人が手形金を支払うことを約束する旨の記載であるが，統一手形用紙では，「上記金額を…お支払いいたします」と印刷されている。支払の約束は「単純ナル約束」でなければならないので，手形金の支払に条件を付けるような記載は，その記載が無効となるだけでなく，その手形自体が無効になる（有害的記載事項）。

(ニ) 満期の表示（手75条3号）

満期とは，手形金額が支払われるべき期日のことをいう。ただし，満期が休日の場合には，これに次ぐ第一の取引日が支払をなすべき日となるので，満期と支払をなすべき日とは必ずしも一致しない。手形法では，満期の態様として，以下の4種類に限定している（手77条1項2号・33条）。

① 一覧払（手77条1項2号・33条1項1号）

手形所持人が支払いのための呈示をした日を満期とするものである。例えば，「呈示次第」，「一覧の日」というような場合である。所持人として

はいつでも手形金の支払を求めることができて便利であるが，逆に所持人がその呈示をしないときは満期が到来しないことがある。

② 一覧後定期払（手77条1項2号・33条1項2号）

　　手形の所持人が一定の期間内に振出人に対し手形を呈示し，その日から手形に記載された期間が経過した日を満期とするものである。例えば，「一覧後1カ月払」といった場合である。一覧のために手形を呈示した日を基準として満期を計算し，これより一定期間を経過した日が満期となる（手78条2項）。

③ 日附後定期払（手77条1項2号・33条1項3号）

　　振出の日付から手形に記載された期間を経過した日を満期とするものをいう。例えば，「日付後3カ月支払」というような場合であるが，実質的には確定日払と同じである。

④ 確定日払（手77条1項2号・33条1項4号）

　　「平成○年○月○日」というように，特定の日を満期とするものである。とはいえ，「○○年春分の日」というように，必ずしも年月日で表示する必要はない。暦にない日を満期とする記載は手形が無効となるが，平年における2月29日を満期とする手形の記載は，2月末日を満期として記載した趣旨と解するのが相当であるとしている（最判昭44年3月4日民集23巻3号586頁）。こうした場合は，月の末日を満期とした趣旨と解することになる。

㈱　支払地の表示（手75条4号）

　支払地とは，満期に手形金額が支払われるべき地域である。これは，満期に所持人が支払を受けるための場所を探す手がかりを与えるためのものである。判例は，その支払地の記載は最小独立の行政区画であればよいとしている（大判大13年12月5日民集3巻12号526頁）。通常であれば市町村であるが，東京であれば区を記載する必要がある。支払地の記載がない場合でも，振出地の記載があれば，それが支払地とみなされ（手76条3項），振出地の記載がない場合でも，振出人の肩書に最小独立行政区画を示す文字があれば，それが支払地とみなさ

れる（手76条4項）。

　なお統一手形用紙では，支払地として最小独立の行政区画が印刷されており，支払場所として銀行の店舗名が印刷されている。

(ヘ)　受取人の名称（手75条5号）

　手形金額の支払を受ける者である。しかし，手形法では「支払ヲ受ケ又ハ之ヲ受クル者ヲ指図スル者ノ名称」としているので，支払を受ける者または第一裏書の裏書人として手形を他人に譲渡する者である。

(ト)　振出日の表示（手75条6号）

　振出日とは，手形が振り出された日として手形に記載された日である。しかし，現実に振り出された（真実の）日である必要はなく，現実に振り出した日より以前の日を記載することも（後日付手形），現実に振り出した日より以後の日を記載することもある（先日付手形）。

(チ)　振出地の表示（手75条6号）

　振出地とは，手形が振り出されたところとして手形に記載された地域である。振出地の記載を欠いても，振出人の肩書地の記載があれば，それが振出地とみなされ（手76条4項），手形の無効が救済される。統一手形用紙の場合，振出地と振出人の住所の記載を兼ねることができるように印刷されており，住所の記載があれば，振出地の記載は省略できる。

(リ)　振出人の署名（手75条7号）

　手形を振り出した者として手形に記載された者をいう。署名は，行為者が自己の名称を手書きする自署また記名捺印である（手82条）。振出人の署名が複数ある場合が問題となるが，重畳的な記載は有効とされるが，選択的な記載は認められない。

(2)　その他の記載事項

　前述の「(1)絶対的記載事項」以外に，以下のような事項がある。①有益的記載事項とは，記載していなくても手形は無効にならないが，記載すれば記載通りの手形上の効力が生じる事項がある。例えば，第三者方払文句（手4条），利

息文句（手5条），裏書禁止文句（手11条2項）などである。約束手形は，通常振出人が支払地内に有している営業所や住所において支払うのであるが，それ以外の場所において支払う旨の記載を「第三者方払文句」という。統一手形用紙には，支払地と支払場所の両者を示した「〇〇銀行〇〇支店」と記載されている。

また，「利息文句」とは，手形金額について満期まで一定利率の利息をつける旨の記載である。手形としては，一覧払手形と一覧後定期払手形のみ認められる（手5条・77条2項）。これらの手形は，振出の時点では満期日が何時になるかわからないので，利息を含めた手形金額をあらかじめ決定できない。そこで，手形金額に一定利率の利息を付する旨の利息文句を認めたのである。

手形は，法律上当然の指図証券とされているが（手11条1項），振出人が「指図禁止」またはこれと同一の意義を有する文言（例えば，裏書禁止）を記載したときは，その証券は債権譲渡の方式（民467条）に従って譲渡することができ，かつその効力のみ有する（手77条1項1号・11条2項）。

また，②無益的記載事項とは，手形上何らの効力も生じない事項である。例えば，確定日払手形や日付後定期払手形における利息文句（手77条2項・5条1項後段），違約金の約定などである。

さらに，③有害的記載事項とは，手形の記載事項だけが効力を生じないだけでなく，手形自体を無効としてしまう事項である。例えば，分割払，条件付支払，不確定な手形金額などである（手33条2項参照）。

6.3　白地手形

(1)　総　　説

手形は，厳格な要式証券であるので，手形要件を欠く約束手形は原則として無効である（手76条1項・2条）。しかし，実務においては，手形要件の一部を記載せずに白地のままで手形を振り出すことがある。例えば，その手形の支払期日を1年後にしたいが，手形サイト（振出日から支払期日までの期間）が長い

と信用性に乏しいとされてしまうので、その振出日を記載しないで振り出す場合がある。また、売買代金の金額がまだ決まっていない場合などである。

こうした事情から、手形要件の一部または全部を記載しないまま手形を振り出し、これを流通させることが従来から行われていたが、こうした手形の効力を認めていた（大判大10年10月1日民録27輯1686頁）。手形法においても、こうした手形の利用方法を商慣習法としてとらえることを前提に、白地手形の補充権濫用についての規定を設けている（手77条2項・10条）。

白地手形はのちに補充が予定されている「未完成ニテ振出シタル」手形であるが、完成したが要件を欠く不完全手形とは異なる。不完全手形は原則として無効であるが（手76条1項）、白地手形は要件が補充されれば完全な手形となる。

(2) 白地手形と不完全手形の区別

白地手形は、外観上、無効な不完全手形との区別がつかない。白地手形であるためには、補充権の存在が必要であるが、その補充権の有無をいかにして判断するかが問題となる。

署名者の意思を基準とし、後に取得者に補充させる意思で手形を流通においたかどうかによって判断するという主観説がある（多数説）。しかし、外観上白地手形のようにみえる書面に署名をして交付しても、後日補充権を与える意思がなかったことが明らかになったときは、その手形は白地手形とはいえなくなってしまい（つまり、無効手形となってしまい）、手形取引の安全が害されるおそれがあるという指摘がある。

これに対して、手形行為者の意思を問わずに手形の外観を基準とし、外観上補充を予定されている手形と認められるかどうかによって判断するという客観説がある。しかし、外観上補充を予定された手形と認められなくても、署名者が主観的に補充を予定している場合は白地手形として差し支えないのであって、当事者の主観的意思を無視して判断するのは正当ではないという指摘がある。

さらに、主観説に立ちつつも、署名者が具体的に補充権を与えた場合は勿論、そうでなくても、書面の外形上、欠けている要件が将来補充されるものと認め

られるときは，署名者がそのような書面であると認識しまたは認識すべくしてこれに署名した以上，それにより補充権を与えたものと認められるとする（折衷説）。また，主観説の中には統一手形用紙を使用した場合のように補充を予定していることが客観的に認められるときには，その振出人に当然に白地手形上の責任を認めて，第三者を保護しようとする説もある。

(3) 補　充　権
① 補充権の成立
補充権の発生根拠をどこに求めるかにおいても，主観説と客観説とでは異なる。主観説は，補充権は当事者の合意，すなわち補充権授与契約によって成立する（多数説）。つまり手形外によって，しかも制限された具体的な内容の権利となって発生するとする。他方，客観説は，白地手形の記載によって補充権の内容が制限されていない限り補充権は内容的に無制限となり，補充権の制限に関する当事者の合意は手形外の人的抗弁事由にとどまるとする。

② 不当補充と手形法10条
当事者間で30万円という合意をして，Ｘが手形金額を白地のままＹに振り出したが，その合意に反してＹが80万円と補充して，Ｚに裏書譲渡した場合はどうであろうか。

白地手形の所持人は定められた範囲のなかで補充すべきであるから，白地手形行為者（補充権を与えた者）はその記載に従って責任を負わなければならないが，自己の付与した内容と異なる補充がなされても手形債務を負担しないはずである。しかし，手形法は，所持人が悪意または重大なる過失によって手形を取得したときを除いて，白地手形行為者はこうした違反をもって所持人に対抗することができない旨を定めている（手10条）。これは，補充がなされるとそれ以後は完成手形と区別は難しく，補充権の不当行使があったことを知らずに手形を取得した善意の第三者を保護する必要があるからである。

こうした規定に対する理論上の理由には対立がある。主観説からは，補充権は手形外で与えられ，その補充権も制限されたものであるが，善意者保護のた

め政策的に白地手形行為者に不当補充された文言通りの責任を負わせている規定と考える。

他方，客観説からは，補充権は無制限のものと考えるので，その補充権の制限は当事者間において効力を持つにすぎず，不当補充の文言に従って白地手形行為者が責任を負うのは当然と考える。この補充権の制限は白地手形外における当事者間の人的抗弁にすぎないことになり，手形法10条は同法17条の特則ととらえることになる。

③ 手形法10条の適用範囲

白地手形を未補充のまま一定の範囲の補充権があると信じて取得した者が自らその範囲の補充をしたが，実際には補充権の範囲外の補充であったという場合に問題となる。例えば，Yから80万円の補充権があるといわれたので，それを信じて取得したZが自らその範囲で補充をしたが，実際には補充権の範囲外の補充であったという場合である。

こうした問題に対して，次のような説がある。すなわち，手形法10条は既に補充が行われて完成した手形と何ら異ならぬ外観を信頼した善意者を保護する規定であるから，補充がなされず外観上白地の存在が明白な場合は10条の適用はないという。この説によれば，この事例のZは保護されないことになる。他方，善意者を保護するという手形法10条の趣旨からすると，所持人が善意でかつ重過失なくして白地手形を取得して，これにあらかじめなされていた合意とは異なる補充をした場合にも適用しようとする説がある（通説・判例（最判昭41年11月10日民集20巻9号1756頁））。この説に従えば，白地手形の署名者は，（Zに対して）不当補充の抗弁をもって対抗するということができないことになる。

④ 補充権の行使時期

補充権が権利行使される時期や期間は，補充権授与の際の合意によって定まる。それ故，その合意の範囲内に補充がなされなければならないが，その時期に反して補充がなされると，不当補充の問題となる。補充権行使時期について取り決めがなされなかったとしても，満期の記載のある白地手形を発行した場合は，手形債権の消滅時効期間である満期から3年以内に補充権を行使するこ

とが必要である（手70条1項・78条1項）。

しかし，満期が白地の場合については，手形法には規定がないので問題となる。学説においては5年説や3年説があったが，判例は商事時効に関する商法522条を準用して，補充権自体の消滅時効を5年としていた（最判昭44年2月20日民集23巻2号427頁）。平成29年の民法改正により商法522条が削除されたので，満期白地手形の白地補充権の消滅時効をどのように考えるのか。

(4) 権利の移転と権利の行使

白地手形は未完成な手形であるが，実際上の需要から商慣習法として認められている。それ故，受取人の記載ある白地手形は裏書により譲渡することができる。さらに，受取人白地の場合にも，その白地を補充せずに裏書あるいは単なる交付により譲渡することもできる。このように完成手形と同様の流通方法が認められるので，未補充の白地手形も，白地手形の取得者につき，善意取得や人的抗弁の切断による保護が認められる。

他方，白地手形は未完成な手形であるから，白地未補充のままでは，手形上の権利行使は認められない（手形金の請求につき最判昭41年6月16日民集20巻5号1046頁）。

7.0 裏書

7.1 裏書の意義

　約束手形の受取人は，支払期日まで待って支払を受けることもできるが，資金繰りが厳しいときには，手形割引によって支払期日前に現金化することができる。あるいは，他の債務の支払のために手形を他人に譲渡することもできる。つまり，この手形の譲渡は，手形上の権利を他人に移転することであり，その方法として「裏書」という方法で行われる。

　裏書という方法は，債権の譲渡と比して簡単である。債権の譲渡は，その譲渡を債務者その他の第三者に対抗するには，譲渡人から債務者へ通知するか，債務者がこれを承諾することが必要である（民467条1項）。しかし，手形の場合には，譲渡人が手形上に裏書をして，その手形を被裏書人に交付すれば，譲渡の効力が生ずる。

　そして手形は，振出人が「指図禁止」またはこれと同一の意義を有する文言を記載していない限り，法律上当然の指図証券である（手77条1項1号・11条1項）。ただ，統一手形用紙では，「あなた（X）またはあなたの指図人へ」という文句（指図文句）があるが，この文句により，XだけでなくXから指図された者も権利者となる旨が書かれている。手形にこうした文句が記載されていなくても，法律上裏書によって権利の移転が認められているのである。実務上使

われる統一手形用紙には，こうした指図文句は印刷されている。

　振出人が指図禁止（裏書禁止）文句を付記した場合には，債権譲渡の方法によって，かつその効力をもってのみ譲渡することができる（手77条1項1号・11条2項）。これを裏書禁止手形という。なお，債権譲渡の方式によるとはいえ，手形の交付は必要である。

7.2　裏書の方法・方式

(1)　裏書の方法

　裏書は，裏書人が手形の裏面に，手形金額を被裏書人に約束手形と引替えに支払うべきことを依頼する旨を記載し，署名をして被裏書人に手形を交付することによってなされる。裏書は，手形自体またはこれと結合した紙片（補箋）になされることを要する（手77条1項1号・13条1項）。

　手形の裏書の成立要件としては，振出の場合と同様，有益的記載事項，無益的記載事項がある。

　有益的記載事項としては，無担保文句・裏書禁止文句（手77条1項1号・15条），裏書の日付（手77条1項1号・20条2項），一覧後定期払手形の一覧のための呈示期間の短縮（手78条2項・23条3項），一覧払手形の支払呈示期間の短縮（手77条1項2号・34条1項），裏書人の宛先（手77条1項4号・45条3項），拒絶証書作成免除文句（手77条1項5号・46条）などがある。

　また，無益的記載事項としては，振出の場合と同様，裏書に条件を付けることは裏書の効力を不確定にさせるので，記載なきものとみなされる（手77条1項1号・12条）。

(2)　各種の裏書方式

　裏書の方式としては，記名式裏書，白地式裏書，持参人払式裏書がある。

①　記名式裏書

　記名式裏書は，被裏書人を指定して，裏書人が署名また記名捺印をする方式

である（手13条1項）。正式裏書・完全裏書ともいう。実務で使われている統一手形用紙には，「表記金額を下記被裏書人またはその指図人へお支払いください」と印刷されており，裏書人は被裏書人を記載して，自己の署名をすればよいことになっている。

②　白地式裏書

白地式裏書は，被裏書人を指定しないでなされる裏書である（手77条1項1号・13条2項）。無記名式裏書，略式裏書ともいう。被裏書人が指定されると，次にこれを譲渡するためには裏書人として署名し，遡求義務を負わなければならなくなる。そのため，白地式裏書にすれば，手形の所持人は単に交付するのみでこれを譲渡することができるからである。

③　持参人払式裏書

持参人払式裏書は，被裏書人を指定せず，手形所持人を権利者とする旨を記載したものである（記載欄に「持参人」と記載）。この方式の効力は，白地式裏書と同一の効力を有する（手77条1項1号・12条3項）。

7.3　裏書の効力

手形の裏書には，権利移転的効力，担保的効力，資格授与的効力の3つの効力が認められる。

(1)　権利移転的効力

裏書により手形上の一切の権利は裏書人から被裏書人に移転する（手77条1項1号・14条1項）。裏書によって手形上の一切の権利自体が直接移転され，被裏書人が裏書人にかわって手形上の権利者となる。これは，裏書人の意思表示に基づく効力であって，裏書の本質的効力とされる。

この裏書によって移転されるのは，振出人に対する支払請求権，裏書人に対する償還請求権，手形保証がなされているときは保証人に対する権利なども被裏書人に移転する。ただし，この裏書による手形上の権利移転は，民法の債権

譲渡の場合と異なり，裏書人が対抗を受けた人的抗弁は被裏書人に引き継がれることはない（手77条1項・17条）。

また，手形上の権利に付随する担保権，違約金，損害賠償額の予定などの約束は，手形上の権利ではないから，裏書の効力として移転しないとするのが通説である。これらは，裏書人と被裏書人間の実質関係上の問題ととらえている。

(2) 担保的効力

裏書人は，裏書によって，被裏書人およびその後の手形権利者すべてに対して手形の支払を担保する責任を負う（手77条1項1号・15条1項）。従って，裏書人は，満期において支払が拒絶された場合には，遡求義務を負う（手77条1項4号・43条）。振出人の破産，支払停止など支払が不確実になったと認められる法定の事由が発生した場合には，満期前でも，裏書人は被裏書人およびその後者に対して償還する義務を負う（手77条1項4号・43条）。

こうした責任の性質は，手形の流通を促進するために，裏書による裏書人の対価関係を考慮して，法が特に認めた責任であるとしている（通説）。

裏書の担保的効力は裏書の本質的効力ではないので，裏書人が支払を担保しない旨を記載すれば，この担保的効力を排除することができる（手77条1項1号・15条1項）。これを無担保裏書という。また，裏書人が新たな裏書を禁止する旨の記載をした裏書として，裏書禁止裏書がある。裏書人は直接の被裏書人に対してのみ担保責任を負うが，その後の者に対してはこのような担保責任を負わない（手77条1項1号・15条2項）。とはいえ，裏書禁止裏書により手形を譲り受けた者は，さらに裏書によって譲渡することができる。

(3) 資格授与的効力

連続する裏書のある手形の所持人は，手形上の権利者と推定され（手77条1項1号・16条1項），実質的な権利者であることを立証しなくても手形上の権利を行使することができる（☞「7.4 裏書の連続」を参照のこと）。裏書によって手形上の権利は裏書人から被裏書人に移転し，被裏書人と記載されている者が手

形を所持しているときは、この者が権利者である蓋然性が高い。迅速性が要求される手形取引の安全を図るため、法がこうした資格授与的効力を与えたのである。手形債務者は、所持人が真実の権利者でないことを証明しなければ債務の履行を拒むことができない。

連続する裏書による手形占有者は、適法の所持人と「看做ス」と規定しているが（手77条1項1号・16条1項）、学説や判例（最判昭36年11月24日民集15巻10号2519頁）は、これを適法の所持人と「推定ス」の意味に解するものとしている。それ故、手形取引の迅速性・安全性を確保するため、手形を譲り受けようとする者は実質的権利を証明しなくても権利行使をなしうるし、他方債務者もその外観を信頼して手形金の支払という義務を履行すれば、それによって免責されるなどの効果が与えられている（手77条1項1号・16条2項）。

7.4 裏書の連続

(1) 「裏書の連続」の意義

裏書の連続とは、手形面上の記載において、裏書が受取人から最後の被裏書人たる所持人に至るまで、裏書が間断なく続いていることである【図7－1】。裏書の連続は、形式的に判断されるため、裏書が手形の記載上連続していればよく、実質的に有効な裏書が連続している必要はない。受取人（被裏書人）と裏書人との同一性は、一字一句完全に一致する必要はなく、社会通念上同一人と認められるほどのものであれば足りるとされる。

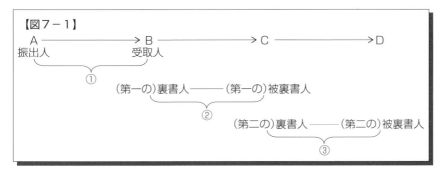

【約束手形・表】

【約束手形・裏】

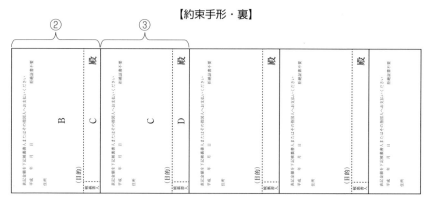

　しかし実際には，その判断は容易ではない。例えば，被裏書人欄には「万代食品工業株式会社　鹿取久三郎」の記載があり，裏書人欄には「万代食品工業株式会社　取締役社長　鹿取久三郎」と記載された事例においては，被裏書人の表示は万代食品工業株式会社の代表者鹿取久三郎を表示したものとし，裏書の連続を認めた（最判昭27年11月25日民集6巻10号1051頁）。また，被裏書人欄には「愛媛無尽会社　岡支店長」の記載があり，裏書人欄には「北宇和郡泉村　岡善恵」と記載された事例においては，受取人「愛媛無尽会社　岡支店長」なる記載は，必ずしも「個人たる岡善恵に会社の支店長たる地位を冠したものとは到底解せられない」ものではなく，個人である岡善恵に会社の支店長たる職名を付記して，個人たる岡善恵を指称するものとした（最判昭30年9月30日民集

7.0 裏　書

9巻10号1513頁）。

なお，相続や会社の合併などによる手形上の権利の移転は，手形外の事実によって生ずるため，学説の多くは裏書の連続を否定している。

(2) 裏書の抹消と裏書の連続

裏書が抹消されている場合は，裏書の連続との関係ではその記載がないものとみなされる（手77条1項1号・16条1項3文）。そのため，ある裏書が抹消されたために裏書の連続がかけることもあれば，また逆に連続することになる場合もある【図7－2】。

記名式裏書の被裏書人の記載のみが抹消されているときに，裏書の連続との関係では，これを裏書全部の抹消とみるか，あるいは白地式裏書になるとみるかについては，議論が分かれている。例えば，不正利用の危険性などを理由に，被裏書人の記載と裏書の署名は一体となって一つの裏書を形成すると考える説は，一部の抹消でも裏書全部を破壊するとした（全部抹消説）。またこの抹消は，手形交付前になされたものと推定するという説（権限考慮説）もあったが，この説に対しては，裏書の連続の有無は，手形の記載から形式的に判断すべきであって，権限の有無という手形外の事情を考慮すべきでないという批判がなされた。さらに，かつての判例は，抹消する権限のある者，例えば裏書人が手形の交付前に自分で抹消した場合には，白地式裏書になると解していた（大判昭2年3月29日民集6巻243頁）。しかし近時の判例では，被裏書人欄の記載が抹消されたとしても裏書の部分は残っており，その部分についてはその効力を残す趣旨であると解するのが取引通念に照らしても相当であり，ひいては手形の流通の保護に資するとし，白地式裏書説をとった（最判昭61年7月18日民集40巻5号977頁）。学説も，この白地式裏書説を支持するものが多くなってきている。

53

【図7−2】

裏書の連続と抹消　　　　　記名式裏書と被裏書人の記載抹消

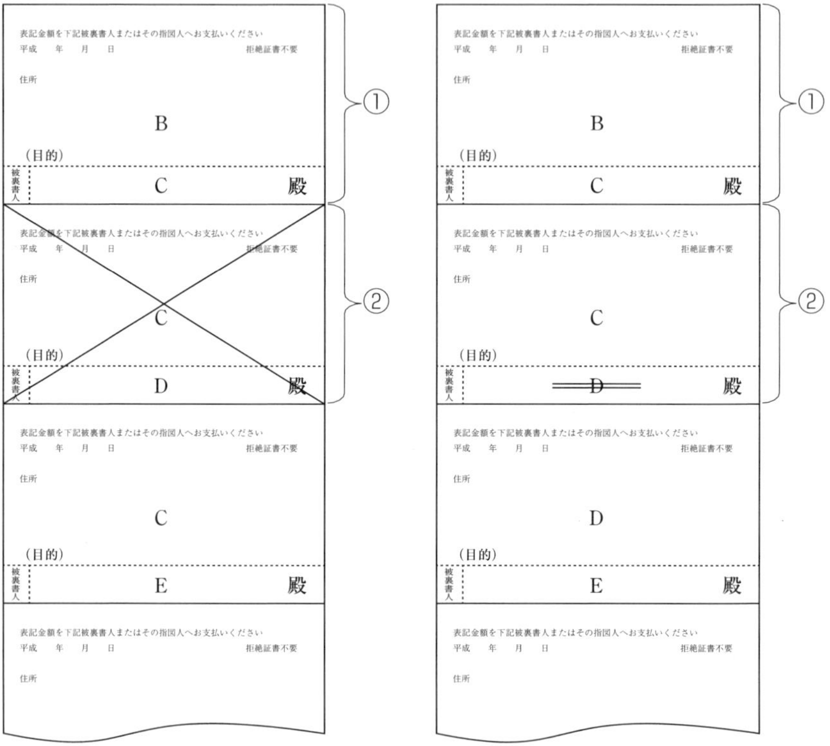

(3) 裏書の連続の効果

　裏書の連続した手形の所持人は，実質的な権利者であることを証明しなくても，形式的資格者と認められる。いわゆる裏書の資格授与的効力といわれるものである（手77条1項1号・16条1項）。裏書の連続する手形の所持人は，実質的権利の証明をすることなく，権利行使することができる。他方，その権利行使を拒むためには，債務者が自ら積極的に所持人が権利者でない事実を主張・立証しなくてはならない。その主張・立証は実質的には不連続であるという事実の立証だけでは足りず，占有者が無権利者であるということの立証（手形上の

権利を承継取得も，善意取得もしていないこと）までが必要である。

　なお，手形法16条1項1文では，法が一定の法律判断を下すことである「看做ス」と規定している。しかし，これは「推定する」という意味に解されている（最判昭36年11月24日民集15巻10号2519頁）。裏書の連続のある手形の所持人についても，債務者が実質的無権利の立証をして請求を拒むことは認める必要があるからである。

　また，裏書の連続する手形の所持人から裏書によって手形を取得した者は，裏書人が正当の権利者でなくても，そのことについて悪意または重大な過失がないかぎり，手形上の権利を取得する（手77条1項1号・16条2項，☞「7.5 善意取得」を参照のこと）。

　さらに，一般原則によれば，債務者が無権利者に支払をしたとしてもその支払は無効であり，もし真実の権利者が現れた場合にはもう一度支払をしなければならない。それ故，債務者は，真の権利者に支払ったときに免責される。しかし，手形においては，裏書の連続した手形の所持人に支払った手形の債務者は，その者が実質上，無権利者であった場合でも免責され（支払の免責），正当な権利者が後に支払を請求してきても，これに支払う必要はない（手77条1項3号・40条3項）。ただし，悪意または重大な過失あるときは，免責を受けることはできない。

(4) 裏書の不連続と権利行使

　裏書の連続を欠いている手形にあっては，資格授与的効力がはたらかないので，所持人は，その手形を所持していることにより当然には手形上の権利を行使することができない。そこで，裏書の連続していない手形の所持人が，裏書の連続を欠く部分について実質的に移転していることを立証しなければならないのか，あるいは，自分に至るすべての手形移転の経過を実質的に証明しなければならないのか議論がある。

　通説・判例は，連続の欠けている部分につき実質的権利移転が立証されれば，その不連続部分については架橋され，所持人に形式的資格が回復することで，

権利行使することができるという（最判昭31年2月7日民集10巻2号27頁）。

7.5 善意取得

(1) 善意取得とは

　一般原則からすれば，手形上の権利の移転において，その譲渡人が無権利者（例えば，拾った者，盗人）であれば，権利を譲渡することはできないはずである。それ故，知らないでその権利を譲り受けたとしても，その者は権利者となることはできないはずである。しかし，こうした原則を貫くと，手形を取得しようとする者は，いつも譲渡人が真の権利者であるかどうかを調査しなければならず，手形の流通は著しく阻害することになる。そこで，手形法は，手形を取得した所持人が裏書の連続によりその権利を証明するときは，譲渡人がたとえ無権利者から取得した場合でも，悪意または重過失がないかぎり，手形上の権利を取得するものとしている（手77条1項1号・16条2項）。これを手形の善意取得という。手形上の権利帰属の面における善意取得者の保護制度とみることができよう。

　手形の善意取得は，手形が有価証券として強い流通性をもつため，動産の即時取得よりも強く善意者の保護と取引の安全が図られている。すなわち，動産においては，無過失が要件となっているので（民192条），取得者に軽過失がある場合は即時取得が認められないのに対して，手形にあっては，取得者に重過失がなければ善意取得が認められるので，手形の善意取得の要件は緩和されている。また，動産の場合，盗まれたまたは遺失したときは，2年間は原権利者が返還を請求できるという特例が認められるのに対して（民193条），手形にはこうした特例は認められない。

(2) 善意取得の要件

　手形の善意取得が成立するためには，以下の要件を満たす必要がある。

① 手形に特有な流通方法による取得であること

　手形の善意取得制度は，その流通確保を目的とするため，手形が承継的にかつ手形に特有な流通方法により取得されるときにのみ認められる。つまり，裏書または白地式裏書による流通である。しかし，指図禁止手形（手77条1項1号・11条2項）は，債権譲渡の方法によってしか譲渡できないので善意取得は認められないし，合併や相続などの包括承継による取得，さらには取立委任裏書（隠れた取立委任裏書も同様）も認められない。また，裏書の一種とされている期限後裏書については，債権譲渡の効力しか有しないものであることを理由として（手77条1項1号・20条1項），善意取得を否定するのが通説である。

② 権利者たる外観を有する者からの取得

　手形の善意取得は，手形取引における外観に対する信頼を保護するための制度であるから，手形上の権利者たる外観を有する者（形式的資格者，すなわち連続したまたは最後の裏書が白地式である手形の所持人）から，手形を裏書または引渡によって取得することが必要である。したがって，善意取得者自身も形式的資格を有することが必要である。

　ここで，手形面上裏書の連続が欠けている場合には，善意取得は一切認められないのか，あるいは裏書の連続が欠けている部分につき実質的権利移転の証明がなされた場合には善意取得を認められるのかということが問題となる。裏書の連続の効果は，個々の裏書の資格授与的効力の集積であり，裏書が連続している部分についてはなお裏書の資格授与的効力が認められるのであり，裏書の連続が欠けている部分があっても，その部分につき実質的権利移転の立証がなされれば裏書の連続があるのと同視してよいことから，連続が欠けている部分の実質的権利移転の立証があれば善意取得を肯定すべきとするのが通説である（☞「7.4(4) 裏書の不連続と権利行使」を参照のこと）。

③ 無権利者からの取得

　手形の振出人Aから受け取ったB（裏書人）が制限能力者であった場合，被裏書人であるCは，善意取得を主張してAに手形金を請求できるかという問題がある。通常善意取得制度は無権利者から譲り受けた場合に適用されるもので

あるが，手形法16条2項の善意取得は，手形権利移転行為の瑕疵一般に適用されるのか，それとも，手形権利移転行為の瑕疵のうち，譲渡人が無権利であるという理由に基づく瑕疵についてだけ適用されるのかが問題となる。

手形法16条2項は，「前項ノ規定ニ依リ其ノ権利ヲ証明スルトキハ」と規定しており，同条1項を受けた規定である。従って，善意取得制度は専ら裏書の連続ある手形の所持人の形式的資格を信頼した者を保護する制度であると解すべきであるとする。そして，裏書の連続する手形の所持人が形式的資格を認められるということは，その者が権利者と推定されるにすぎず，それ以上に，譲渡人の行為能力，代理権の存在，譲渡行為その他の瑕疵についてまで及ぶものではないので，手形上裏書の連続があるからといって取得者はそのことまで信頼できるはずはない。それ故，善意取得が認められるためには譲渡人の譲渡行為そのものが完全に有効であることが必要であって，たとえ権利者による譲渡であっても，それが無能力者，無権代理人による譲渡であり，また譲渡行為が無効や取消しの場合には，取得者がこの点につき善意かつ重過失がなくても，手形の善意取得は認められず，所持人が盗人，拾得者などの無権利者から手形を取得した場合のみ善意取得制度が適用されると解すべきであるとするのが従来の通説である（限定説）。

他方，近時の有力説は次のように展開する（非限定説）。手形法16条2項は「事由ノ何タルヲ問ハズ」としており，治癒される瑕疵を盗難や紛失などの無権利にだけでなく，手形の権利移転行為の瑕疵一般を治癒する制度と理解すべきであるとする。それゆえ，手形の善意取得制度は，無権利者からの取得の場合のみならず，手形の譲渡行為の制限能力，無権代理，意思表示の瑕疵・欠缺などの無効・取消しの事由がある場合にも適用されると解する。

④ 取得者に悪意または重過失がないこと

譲受人である取得者が，悪意（無権利者であることを知っていた場合）や重過失のある場合（疑うべき事実があるにもかかわらず，何も調査せず取得する場合）には保護する必要がないので，このような者には善意取得は認められない。

悪意または重大な過失の有無は，手形取得のときを基準として判断される。

したがって，手形取得のときに悪意または重大な過失がなければ，その後に悪意または重大な過失が発生しても善意取得者は保護される。なお，形式的資格を有する手形所持人は権利者と推定されるので（手77条1項1号・16条1項），当該手形所持人が悪意または重大な過失の不存在を立証する必要はなく，その者が手形上の権利者でないことを主張する者がその存在を立証しなければならない。

(3) 善意取得の効果

以上の手形の善意取得の要件を満たすと，手形の取得者は，手形上の権利を原始的に取得する。その反射的効果として，手形の占有の喪失者は，その手形上の権利を失うことになる。

7.6 手形抗弁

(1) 総　　説

民法の債権譲渡は，譲渡人は自己が有する以上の権利を他に譲渡することができないというものがある。これは，債務者が譲渡人に対しその権利の行使を拒否しうる抗弁を有している場合，譲受人は抗弁の存在を知らなかったときでも，その抗弁の対抗を受けることになる（民468条1項）。しかし，手形の裏書の場合にも，こうした原則を貫いていくと，手形を安心して取得することができず，手形の流通性は著しく阻害されることになる。そこで，裏書・引渡による手形の取得者を保護するため，抗弁の制限の制度が設けられている（手17条）。手形上の権利行使の面における善意取得者の保護制度とみることができよう。

ところで，手形抗弁とは，手形上の請求を受けた者が手形所持人からの手形金請求を拒否するために主張できる事由をいう。手形抗弁には，物的抗弁と人的抗弁がある。物的抗弁は，請求を受けた者がすべての手形所持人に対してその善意・悪意を問わず主張することができるものである。これに対して，人的抗弁とは，請求を受けた者が，ある特定の手形所持人に対してのみ主張できる

ものである。手形法においては，断片的に規定しているだけで（例えば，手10条，17条，18条2項など），その両者を区分する基準がないので，その区分は解釈に委ねられている。

(2) 物的抗弁

物的抗弁は，請求を受けた者がすべての手形所持人に対して対抗できる抗弁である。物的抗弁には，以下のようなものがある。

① 手形上の記載から明らかな抗弁事由として，(イ)本人の記載なき代理人の署名や白地未補充などの手形要件の欠缺（手76条1項，2条2項），(ロ)満期の未到来，(ハ)手形上明瞭な支払済（手77条1項3号・39条1項），(ニ)手形に記載された一部支払済み（手77条1項3号・39条3項），などである。これらは，手形の外形からわかるものであるから，その対抗を認めても手形取引の安全を阻害することにはならない。

② 手形の記載からは明瞭ではないが，物的抗弁とされるものとしては，(イ)偽造・変造（手77条1項7号・69条），(ロ)無権代理行為（手77条2項・8条），(ハ)制限行為能力に基づく取消し，(ニ)時効による手形上の権利の消滅（手77条1項8号，70条），(ホ)除権決定による手形の失効，(ヘ)支払呈示期間内に支払呈示がなかったことを理由とする主たる債務者の供託（手77条1項3号・42条）などがある。

(3) 人的抗弁

人的抗弁とは，特定の者に対してのみ対抗できる抗弁である。人的抗弁には，①債務者が特定の者に対して主張できるもの（狭義の人的抗弁）と，②特定の者に対して全ての債務者が主張できるもの（無権利の抗弁）がある。

① 手形債務者と特定の手形所持人との特別の関係から生ずる抗弁事由

(A)手形外の原因関係にもとづく抗弁として，(イ)原因関係の不存在・無効・取消しがあること，(ロ)原因関係が不法であるとの抗弁（原因関係が賭博に基づく債務など），(ハ)特約に基づく抗弁として，手形債務を負担しない特約があること

(例えば，融通手形，見せ手形），手形に記載されていない支払・相殺・免除などによる権利の消滅，白地手形の補充権契約に反するなどの抗弁，さらには，譲渡禁止の特約，債務者と所持人の支払猶予の特約などがある。

また，(B)手形行為の成立に関する瑕疵にもとづく抗弁として，手形行為の際における意思表示の瑕疵に関する抗弁などがある。

② 請求者が無権利であるとの抗弁（無権利の抗弁）

所持人は盗取者または拾得者であり，またはこれらの者から善意取得していない者であるとの抗弁（つまり悪意でこれを取得した者であるという抗弁），さらにはその者に至るまでの裏書の連続が欠けているという抗弁などである。

(4) 人的抗弁の切断

人的抗弁は，上記（(3)人的抗弁）にあげたような事情が存在する当事者間で問題となる。債権譲渡の一般原則のようにしてしまうと，転々と流通してきた手形であればあるほど，抗弁を持って対抗される可能性が高くなり，手形の信頼性や流通の安全性が下がることになる。しかし，手形に対する信頼性やその流通の安全性を確保するためにも，一定の手形取得者に対しては，その抗弁の主張を制限する必要がある。そこで，手形法17条は，手形により請求を受けた者は，所持人の前者に対する人的関係に基づく抗弁をもって，所持人に対抗することができないという「人的抗弁の切断」の制度を規定した。

通説は，この手形法17条を次のように説明する。すなわち，手形の譲渡裏書は手形債権の譲渡であると解するので，その債権に抗弁が付着していれば，被裏書人に対してもその抗弁が承継されるのが原則である（民468条参照）。しかし，債務者が譲渡人に対してもつ抗弁を譲受人にも主張できるとすると，手形の流通を阻害するため，法は，その抗弁が善意取得者との関係で制限されることを定めたという。

他方，手形の裏書によって移転するのは手形債権のみであるから，手形外の人的抗弁は被裏書人に承継されないと解したうえで，手形債務者が裏書人に対し主張できる人的抗弁があっても，それを被裏書人に対抗できないのは当然で

ある。手形法17条が人的抗弁の制限を規定したのは，当然のことを規定したとする説もある（属人性説）。

なお，後述の悪意の抗弁以外に，相続，合併による取得，債権譲渡の方法による取得の場合や手形の予定された流通期間経過後の裏書（期限後裏書）のような場合は，抗弁は切断されない。

(5) 悪意の抗弁

人的抗弁の切断は，抗弁の存在について善意の譲受人を保護する予定であるから，悪意の譲受人に対してはこれを認める必要はない。そこで，17条但書は，「但シ所持人ガ其ノ債務者ヲ害スルコトヲ知リテ手形ヲ取得シタルトキハ此ノ限ニ在ラズ」と規定している。この「債務者ヲ害スルコトヲ知リテ」手形を取得した者に対する抗弁を「悪意の抗弁」という。

単なる悪意ということであれば，次のようになる。例えば，買主Aと売主Bとの間で，Aが売買契約を解除できるという事情（例えば，売主Bが買主Aに対して，目的物を引き渡さないというような場合）をCが知って，Bから手形を取得した場合には，Cは人的抗弁の切断の保護は受けられない。AはBとの売買契約の解除により，Cに対する手形金の支払を拒むことができる【図7−3】。

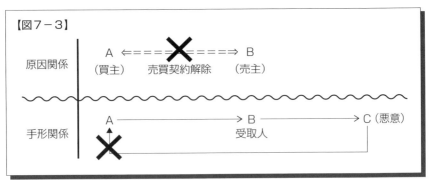

しかし，17条但書の規定は，単なる「悪意」とは異なる表現が使われているので，この「債務者ヲ害スルコトヲ知リテ」とはいかなる意味かが問題となる。手形法17条にいう害意とは，手形取得者が前者（譲渡人）に対して債務者が対

抗する人的抗弁事由を知っているばかりでなく，満期においてその抗弁を主張することは客観的に確実であると認識していたことを要する（河本フォーミュラ）。つまり，手形の満期において，債務者が抗弁を主張しうる可能性があっても，債務者が抗弁を主張するとは限らないので，単に抗弁主張の可能性があることを知っていただけでは害意があるとはいえない。この「債務者ヲ害スルコトヲ知リテ」というのは，所持人が手形を取得するにあたり，手形の満期において手形債務者が所持人の直接の前者に対して抗弁を主張し，支払を拒むことは確実であるという認識を有していた場合をいうとする（通説）。

(6) 後者の抗弁（権利濫用の抗弁）

裏書の原因関係が消滅したにもかかわらず，被裏書人である所持人から手形金の支払を請求された場合，振出人はその支払を拒むことができるかという問題がある【図7－4】。具体的には，A→B→Cと手形が移転した場合，B・C間の原因関係が解除により消滅したにもかかわらず，CがBに手形を返還せず，CがAに手形金を請求した場合，AはCからの手形金の支払請求を拒絶しうるか。

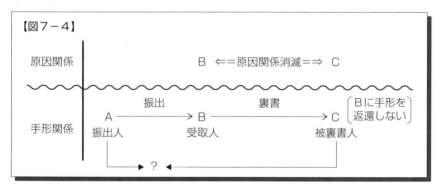

【図7－4】

この問題に対して，B・C間の原因関係が消滅しても手形関係は影響を受けないので（手形行為の無因性），Cは手形上の権利者であり，またAは，BがCに対して有する抗弁を援用することはできない（人的抗弁の個別性）。それ故，AはCの請求を拒むことはできず，結局B・C間の不当利得により解決するこ

とになる。

　しかし，こうした理論構成に対して，不当利得による解決は迂遠・困難であり，また原関係が消滅にし，被裏書人は手形上の権利を行使すべき実質的理由を有しないのであり，それにもかかわらず手形金を請求するのは権利濫用にあたり許されないという説もあり，判例においても，こうした立場をとっている（最大判昭43年12月25日民集22巻13号3548頁，最判昭48年11月16日民集27巻10号1391頁）。

　なお，権利移転は有因行為であるという考え（権利移転有因論）のもとでは，B・C間の原因関係が消滅により，手形債権はBに復帰し，Cは無権利者となるので，Aは16条2項の無権利の抗弁により支払を拒絶することができるとする意見もある。

(7) 二重無権の抗弁

　手形がA→B→Cと移転した場合において，A・B間，B・C間のそれぞれで原因関係が消滅したにもかかわらず，Cが依然として手形を所持している場合，AはCからの手形金の支払請求を拒絶しうるかという問題がある【図7-5】。

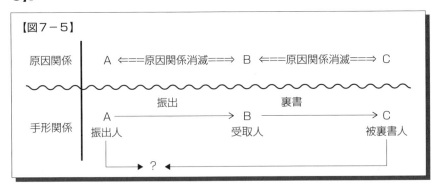

　通説や判例（最判昭45年7月16日民集24巻7号1078頁）は，人的抗弁の切断を認めた趣旨は，手形取引安全の目的のため，手形取得者の保護にあるから，裏書の原因関係（B・C間）が消滅し，被裏書人（C）は手形金支払を求める経済的利益はないから，人的抗弁の切断による利益を享受すべき地位にないという理

由から，二重無権の抗弁を認める。

なお，権利移転行為を有因行為であるとする手形権利移転有因説は，被裏書人は手形上無権利者となるので，Cの手形請求は認められないことになる。

(8) 融通手形と悪意の抗弁

融通手形とは，現実の商取引に基づかずに，専ら他人に資金の融通を得させる目的で交付される手形のことをいう。金銭を必要とする者（被融通者）が，信用のある者に約束手形を振り出させ，これを第三者に手形を割り引いてもらい金銭を得るという方法で行われる【図7－6】。その際，通常，A・B間には，Bは満期までに手形の支払資金をAに提供するか，または手形そのものをAに返還することを約束しているのである。もしBがAに手形金を請求する場合には，Aは融通手形であることを理由として支払を拒むことができる（融通手形の抗弁）。

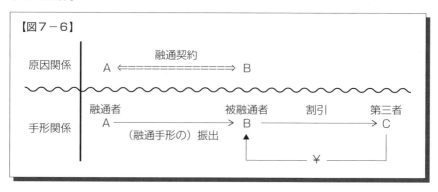

なお，融通手形は，商品代金の支払いという裏付けがなく，単なる資金繰りの手段として振り出されるのである。財務的に危険な状態にある場合にこうしたことがなされることが多いことから，不渡りになる危険が大きい。さらに，融通手形を相互に振出しあう，書合手形（あるいは，馴合手形）という方法がなされることもあるが，より危険性が大きい。

しかし，C以下の所持人に対しては，たとえこれらの者が単に融通手形であることを知っていたとしても，Aは悪意の抗弁を援用して支払を拒むことはで

きない（最判昭34年7月14日民集13巻7号978頁）。なぜなら，そもそも融通者Aは，第三者のもとでBが割引を受けて対価を得ることを予定して手形を交付したのであるし，他方，Cは，手形の取得時においては，融通者Aに対する害意はないからである。そして，融通手形の抗弁によりこの対抗を認めてしまうと，融通手形による金融が実現できないという問題も生じてしまう。

両当事者が，相手方を受取人とし，交換的に同金額の約束手形（融通手形として）を振出し（いわゆる交換手形，あるいは書合手形ともいう），各自が振出した手形はそれぞれ振出人において支払をするが，もし一方が振出の約束手形の支払をしなければ，他方においてAは，交換手形に関する約定およびB振出の約束手形の不渡り，あるいは不渡りになるべきことを知りながら，A振出の約束手形を取得した者に対し，いわゆる悪意の抗弁をもつて対抗することができる（最判昭42年4月27日民集21巻3号728頁）。

8.0 特殊の裏書

8.1 特殊の裏書

　裏書とは，原則として手形上の権利の移転を目的とするものであるが（譲渡裏書），その特殊の裏書として戻裏書（手77条1項1号・11条3項），無担保裏書（手77条1項1号・15条1項），裏書禁止裏書（手77条1項1号・15条2項），期限後裏書（手77条1項1号・20条）があり，手形上の権利の譲渡を目的としない取立委任裏書と質入裏書がある。

8.2 戻裏書

　戻裏書（もどり）とは，約束手形上で既に手形債務者（振出人や裏書人など）となっている者に対しての裏書をいう（手11条3項）。下記の【図8－1】および【図8－2】のような場合である。

```
【図8-1】
          A ────→ B ────→ A
         振出人

【図8-2】
          A ────→ B ────→ C ────→ B
         振出人
```

　戻裏書により，手形上の債務者と権利者が同一となるので，民法の混同の理論からすれば，手形上の権利は消滅してしまう（民520条）。しかし，こうした方法も可能であること，さらにはその手形を裏書によって譲渡することができるとしている（手77条1項1号・11条3項）。下記の【図8-3】および【図8-4】である。

```
【図8-3】
          A ────→ B ────→ A ────→ C
         振出人

【図8-4】
          A ────→ B ────→ C ────→ B ────→ D
         振出人
```

　そして，以下のような場合【図8-5】，Aが手形をそのまま保有して，中間の裏書人（B，C，D）に対して償還請求しても，その裏書人は振出人に対して手形金を請求できるので，その償還請求は否定される。

```
【図8-5】
          A ────→ B ────→ C ────→ D ────→ A
         振出人
```

しかし，戻裏書を受けた者（A）が，さらにこれを他の者（E）に裏書すれば，その被裏書人（E）は，すべての前者に対して権利を取得することになる【図8－6】。

```
【図8－6】
    A ──→ B ──→ C ──→ D ──→ A ──→ E
   振出人
```

裏書人が戻裏書を受けた場合にも【図8－7】，裏書人（C）がその手形を満期まで保有して振出人（A）に手形金額を請求すること（①），あるいは他の者（E）に裏書をすること（②）も自由である。手形を保有したままで満期に支払を拒絶された場合には，すべての裏書人に償還請求できるのではなく，Bに対して請求できるだけである（③）。Dに請求してみても（④），結局は自分自身（C）がその者（D）の償還請求に応じなければならないからである。そして，他の者（E）に裏書譲渡したときもでも，その者（E）からの償還請求に応じて手形を受け戻したとしても，やはりBに対して償還請求できるだけである【図8－7】。

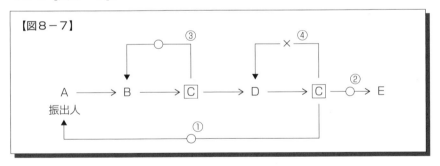

さらに，裏書により人的抗弁は切断されるので，戻裏書を受けた裏書人（C）は，自己の前者（B）が戻裏書の裏書人（D）に対して有する人的抗弁は，害意がない限り承継しない。善意者の介在によって人的抗弁は切断されるからである。

しかし，人的抗弁は特定の者に対する特殊な関係で認められるものであると

いう理由から，前者（B）が自己（C）に対して本来有していた人的抗弁は，後者（D）のもとで切断されたとしても，自己（C）が前者（B）に対して償還請求をするときには，その人的抗弁の対抗を受けることになる【図8－8】。

【図8－8】
A ─→ B ─→ C ─→ D ─→ C
　　　　　　　　　　　　善意

8.3　無担保裏書

　無担保裏書とは，手形上の責任を負わない旨の記載（無担保文句，例えば，「無担保」，「支払無担保」，「償還無用」など）をしてなされた裏書をいう。これにより，裏書人は遡求義務を負わない（手77条1項・15条1項）。つまり，手形が不渡りになった場合でも，裏書人は，被裏書人に対する支払義務（遡求義務）を負わない。

　なお，無担保裏書でも，担保的効力は認められないが，権利移転的効力や資格授与的効力は認められ，被裏書人は，善意取得や人的抗弁の切断の制度が適用される。

8.4　裏書禁止裏書

　裏書禁止裏書とは，裏書人が新たな裏書を禁止する旨の記載（裏書禁止文句，例えば，「裏書禁止」）をしてなされた裏書をいう（手77条1項1号・15条2項）。裏書禁止手形の場合は振出人が裏書禁止を記載した場合であり（☞「7.1 裏書の意義」を参照のこと），その手形は，指図証券の方式ではなく，債権の譲渡に関する方式による（手77条1項1号・11条2項）。他方，裏書禁止裏書は，裏書人の行為により指図証券性という性質が変わることは相応しくないので，直接の被裏書人およびその後の後者は裏書をすることができる。ただし，その記載をした

裏書人は自己の被裏書人に対してのみ担保責任を負うだけで、その後の者に対しては担保責任を負わない。

こうした方法がとられるのは、裏書をなされることにより自己の被裏書人に対して有する人的抗弁が切断されるのを避けるためである。裏書禁止裏書も裏書であるから、権利移転的効力及び資格授与的効力が認められる。

8.5　期限後裏書

期限後裏書とは、支払拒絶証書作成後の裏書または支払拒絶証書作成期限経過後の裏書をいう（手77条1項1号・20条）。後裏書ともいう。満期日以後の裏書がただちに期限後裏書となるのではなく、支払拒絶証書作成期間内である限り、満期日後になされた裏書であっても通常の裏書であるが、その間に拒絶証書が作成された場合は、その後の裏書は期限後裏書となる。

既に遡求または支払の段階に入った後の裏書については、手形法による流通保護の必要はないと考えられたため、期限後裏書は債権譲渡の効力のみを有する（手77条1項1号・20条1項）。したがって、権利移転的効力および資格授与的効力は認められる。債権譲渡の効力しか認められないので人的抗弁は切断されないし、支払われないことが証券上明らかになってからの裏書なので担保的効力もない。なお、期限後裏書には流通の保護を与える必要がないということから、善意取得を否定するのが通説である。

8.6　取立委任裏書

(1) 取立委任裏書

取立委任裏書とは、手形上の権利行使の代理権を付与する目的でなされる裏書である（手77条1項1号・18条1項）。裏書欄に「回収のため」、「取立のため」、「代理のため」などの文言（取立委任文言）を付記してなされる裏書であるが、公然の取立委任裏書ともいう。取立委任裏書は、被裏書人に対して代理権を与

えるためになされるのであるから，権利移転的効力および担保的効力はない。その効力の中心は代理権授与的効力である。取立委任裏書の被裏書人は，裏書人に代わって手形上の権利を行使する際の裁判上または裁判外の行為をなしうる包括的な代理権を取得する（手18条1項）。取立委任裏書の資格授与的効力は代理権者としての資格に関するものとなる。取立委任裏書の被裏書人は，さらに譲渡裏書をすることはできないが，代理権授与のための裏書のみが認められるだけである（手77条1項1号・18条1項但書）。

　取立委任裏書の裏書人と被裏書人との関係は委任であるから，通常委任者の死亡により委任関係は終了するが（民653条），手形法は，取立委任裏書の効力は委任者の死亡または行為能力の制限によって代理権は消滅しないとしている（手77条1項1号・18条3項）。

(2) 隠れた取立委任裏書

　隠れた取立委任裏書とは，通常の譲渡裏書の方法でなされるが，取立の委任を目的としてなされる裏書をいう。満期を待って取り立てることもできるが，満期前に手形割引により対価を取得することもできるし，取立委任の目的を表示しなくてもすむということもあり利用される。隠れた取立委任裏書は実質と形式との食い違いをどのように考えるかによって，その法的性質をめぐって争われている。

　隠れた取立委任裏書も譲渡裏書の形式をとることから，裏書により手形上の権利はすべて被裏書人に移転するが，手形上の権利は当然に被裏書人に移転し，取立委任の合意は裏書人と被裏書人との間の人的関係にとどまるとするのが通説・判例である（信託裏書説，通説・判例（最判昭31年2月7日民集10巻2号27頁））。他方，隠れた取立委任裏書によっては手形上の権利は移転せず，被裏書人は手形上の権利者としての資格と自己の名をもって裏書人の手形上の権利を行使する権限を授与されるにすぎないとする（資格授与説）。

　人的抗弁の問題で両説は対立している。例えば，手形債務者が裏書人に対する人的抗弁を有している場合に，この抗弁を被裏書人に対して対抗できるかと

いう問題がある【図8-9】。資格授与説では、手形上の権利は被裏書人（C）に移転しないので、債務者である振出人（A）は裏書人（B）に対して有する抗弁をもって被裏書人（C）に対抗することができる。つまり、公然の取立委任裏書の場合と同じく肯定されることになる。

他方、信託裏書説によると、裏書は完全な譲渡裏書ととらえるので、人的抗弁は切断し、裏書人（B）に対する人的抗弁を被裏書人（C）に対抗できないことになる。しかし、これでは隠れた取立委任裏書が人的抗弁を避ける手段として利用される危険があり、結論には妥当性を欠くということから、被裏書人には固有の経済的利益がないため抗弁切断の利益を受ける根拠を欠くとして、手形債務者の裏書人（B）に対する人的抗弁を被裏書人（C）に対抗できると論理展開する。

```
【図8-9】
            A ──→ B ──→ C
          振出人   受取人
                  裏書人   被裏書人
```

8.7　質入裏書

(1) 質入裏書

質入裏書とは、手形上の権利の上に質権を設定する目的で、「担保のため」、「質入れのため」など質権設定を示す文言（質入文言）を付記してなされる裏書をいう（手77条1項1号・19条）。公然の質入裏書ともいう。一般には利用されていない。

質入裏書により、被裏書人は手形上の権利の上に質権を取得して、手形から生ずる一切の権利を自己の名をもって行使することができる（手77条1項1号・19条1項本文）。他方、質入裏書には権利移転的効力がないため、被裏書人は譲渡裏書や質入裏書をすることはできず、その者がなした裏書は取立委任裏書としての効力のみを有する（手19条1項但書）。

質入裏書にも質権者と推定する資格授与的効力が認められ，したがって質入裏書の被裏書人が裏書の連続した手形を所持することにより質権者としての形式的資格が認められる。手形債務者も，かかる被裏書人に悪意・重過失なく支払えば免責され（手77条1項3号・40条3項），また，質入裏書には人的抗弁の切断制度の適用があるので（手77条1項1号・19条2項），善意取得制度が適用される。

(2) 隠れた質入裏書

　隠れた質入裏書とは，通常の譲渡裏書の形式を持って，裏書の当事者間では質入れを目的としてなされる裏書をいう。被裏書人は害意のない限り，裏書人に対する抗弁の対抗を受けない。

9.0 手形保証

9.1 手形保証の意義

(1) 手形保証の意義

　手形保証とは，手形振出人，裏書人などの支払うべき手形債務の全部または一部を担保するために，手形行為として手形上にする保証をいう（手77条3項前段・30条1項）。手形保証も主たる債務の存在を前提とする点では，民法上の保証と同一である。したがって，手形保証も，主たる手形債務が存在しなければ手形保証は無効となるが，手形行為独立の原則が適用されるため，主たる手形債務は形式的に存在すればたり，実質的に有効である必要はない。それ故，手形保証は，被保証債務が方式によって無効である場合を除いて，その他のどのような理由で無効とされる場合でも，手形保証自体は有効である（手77条3項・32条2項）。

　手形保証は，手形の振出人，裏書人の信用だけでは不十分な場合に，手形債務を担保することで，手形の信用を増大させるものである。しかし，手形面上に保証と表示されるため，かえって手形の信用が不十分であることを示すものとなる。それ故，実際には，保証人が通常の振出あるいは裏書などの方式により手形関係に加わることで，保証と同一の目的を達しようとすることが多い。これを隠れた手形保証という。

(2) 手形保証の方式

　保証人の資格には特別の制限はなく、被保証人以外のものであれば誰でもよく、すでにその手形に署名している者でもよい。

　手形保証は、手形自体または補箋もしくは謄本に、「保証」その他これと同一の意義の文言（手形保証文句）と誰のために保証するか（被保証人）を記載して、保証人が署名する（手77条3項・30条2項）。被保証人の記載しない手形保証は、振出人のための保証とみなされ、保証の表示がなくても手形の表面の振出人以外の者の単なる署名は保証とみなされる（手77条3項後段・31条3項）。補箋の表面の単なる署名も同様と解されている（最判昭35年4月12日民集14巻5号825頁）。

　手形の表面の振出人欄に数個の署名があるときには、共同振出人とみるべきか、振出人のための手形保証とみるべきかが問題となる。統一手形用紙における振出人欄の署名については、特段の付記事項がないかぎり、共同振出人と解すべき説が多い。

　手形保証は、手形債務の一部についても可能である（手77条3項前段・30条1項）。保証金額の記載がない場合は、手形金額の全部の保証と解することとなろう。また、拒絶証書作成の免除の記載も許される（手77条1項4号・46条1項）。

9.2　手形保証の効力

(1)　手形保証の附従性と独立性

　手形保証人は、保証の附従性によって被保証人と同一の責任を負う（手77条3項・32条1項）。したがって、主たる債務（被保証人の債務）が方式の瑕疵により無効であれば、手形保証（保証債務）も無効である。

　また主たる債務（被保証人の債務）が、支払、相殺、免除、時効によって消滅したときは、その手形保証債務も消滅する（最判昭45年6月18日民集24巻6号544号）。さらに、手形保証は、以上の限度で主たる債務に対して附従性をもつが、それは、独立の手形行為による債務の負担であり、主たる債務が方式の瑕疵を

除いて他のいかなる理由で無効な場合も手形保証は有効であり，手形保証人は，所持人に対しては，主たる債務者および手形債務者とともに合同責任を負う（手77条1項4号・47条）。したがって，手形保証は，民法上の保証と異なり，催告の抗弁権や検索の抗弁権を有しないので，所持人は被保証人に請求しないでも直接保証人に請求することができる。

(2) 手形保証の人的抗弁

手形保証の独立性からすれば，手形保証人は，主たる債務者が所持人に対して有する抗弁を援用できないことになる。このように解すると，支払った保証人から求償を受けた被保証人が，支払を受けた手形所持人に不当利得の返還を請求するとになる。しかし，直接に保証人が支払を拒絶することができる方が妥当であるという理由から，様々な理論構成がなされてきた。判例は，被保証人が所持人に対して有している人的抗弁を援用できないとしていたが（最判昭30年9月22日民集9巻10号1313頁），後に，独立性を維持しつつ，所持人の手形金請求を権利濫用として，保証人は手形金の支払を拒みうると判示している（最判昭45年3月31日民集24巻3号182頁）。

(3) 保証人の求償

手形保証人が保証債務を履行したときは，被保証人の後者（裏書人など）の手形債務は消滅する。同時に，被保証人（振出人など）および被保証人の債務者である前者に対して，手形上の権利を取得する（手77条3項・32条3項）。これは，義務の履行による求償権の取得を手形上の権利の承継取得として構成したものである。手形保証という義務の履行による手形取得として，通常の流通過程におけると異なり，被保証人が所持人に対して持つ人的抗弁につき，保証人が保証債務の履行のときに手形法40条3項の悪意，重過失がない限り，被保証人に対する権利行使につき抗弁の対抗を受けないとする。

10.0 支払

10.1 満期における支払

(1) 支払の呈示とは

　手形は転々と譲渡されるので（流通証券），現在の手形の所持人を把握することは困難であるため，債権者が権利者であることを明らかにして権利を行使してもらうほかない。そして，その約束手形の所持人が振出人に手形金の支払を求めるには，振出人（または支払担当者）に手形を呈示して支払を請求しなければならない（手77条1項3号・38条，呈示証券性）。これを「支払のための呈示」または「支払の呈示」という。

　支払の呈示は，振出人に対しては，履行遅滞におくために（付遅滞効），また裏書人などの前者に対しては，遡求権の保全（遡求権保全効）のために必要となる（手77条1項4号・43条）。詳しくは，「(3)支払呈示の効果」で説明する。

(2) 支払呈示の方法
① 支払呈示の当事者

　支払の呈示をなしうる者（呈示者）は，原則として，裏書の連続した手形の所持人またはその代理人である。そして，所持人は裏書の連続が欠けている場合でも，その欠けている部分について実質的に権利の移転があったことを証明

すれば，所持人は支払の呈示をすることができる。

他方，支払呈示を受ける者（被呈示者）は，振出人またはこれを代理して呈示を受ける権限を有する者である。

② **支払呈示の期間**

支払をなすべき時期（支払呈示期間）は，確定日払手形，日附後定期払手形，一覧後定期払手形と一覧払手形とで異なる（それぞれの意味については，「6.2 手形要件」(1)絶対記載事項㈡を参照のこと）。

確定日払手形，日附後定期払手形，一覧後定期払手形にあっては，あらかじめ定まっている満期日を基準として支払呈示期間を計算することとなる。すなわち，満期日が取引日であれば，それが「支払をなすべき日」であり，それとそれに次ぐ2取引日内に支払呈示をすべきことになる（手77条1項3号・38条1項）。ただし，満期日が休日の場合には，その次の取引日が「支払をなすべき日」になるから（手77条1項9号・72条1項），支払呈示期間は，その日とそれに次ぐ2取引日である。したがって満期日は，必ずしも「支払をなすべき日」とは一致しないことになる。

一覧払手形は，呈示のときが満期となる。それ故，支払呈示期間は，原則として，振出の日付以後1年以内ならば，いつでも支払呈示ができる（手77条1項2号・34条1項）。ただし，振出人は，この期間を短縮または延期することができる。

③ **支払呈示の場所**

手形に支払の記載がある場合には，そこに記載された支払場所で呈示することになる（手77条2項・4条）。支払場所として銀行の店舗が記載されているときは，その店舗を支払場所とし，そしてその銀行に支払事務を担当させる意味である。

支払の記載がないときは，手形に記載された支払地内における振出人の営業所（これがない場合は，住所や居所）にて呈示する必要がある。

なお，実務では，銀行交付の統一手形用紙に，銀行の店舗を支払場所として記載されており，手形所持人が自己の取引銀行に取立を委任し，その銀行が手

形交換所において呈示することとなる。手形交換所における呈示も，加盟銀行の合意に基づいて支払銀行に対してなされる呈示であるので，支払呈示としての効力を有する（手77条1項3号・38条2項）。

④ **支払呈示期間経過後の呈示の場所**

　支払の呈示期間内に適法な支払呈示がなされないと，遡求権が失われるが，手形の主債務者に対しては，その権利が時効（手77条1項3号・70条1項）にかかるまでは手形金額を請求できる。それ故，支払呈示期間経過後の呈示（請求の呈示）の場所はどこかが問題となる。

　判例は，支払呈示期間の経過後は，支払場所の記載は支払呈示期間内の支払についてだけ効力をもつにすぎず，支払呈示期間経過後は，支払場所の記載ある手形も，本則にかえって，支払地内の手形の主債務者の営業所または住所で呈示すべきであるという（最判昭42年11月8日民集21巻9号2300頁）。

(3) 支払呈示の効果

　適法な支払呈示がなされたときは，振出人は直ちに手形金額を支払わなければならず，正当な理由なく支払をしない振出人は履行遅滞となる（付遅滞効）。支払呈示期間内になされた呈示に対して支払拒絶をした振出人は，手形債務者に対して遡求義務者と同じ責任を負うことになる（手78条1項・28条2項）。振出人は，支払呈示期間内に呈示がなくても，手形上の権利が時効消滅するまでは手形債務を免れないので，支払呈示期間経過後に支払呈示がなされた場合も支払をしなければならず，支払を拒絶したときは，振出人には呈示のときから履行遅滞の責めを負うこととなる。

　また，遡求義務者に対する遡求権の保全のためには，支払呈示期間内に支払の呈示をしなければならない（手77条1項4号・53条1項）。それ故，支払呈示期間内に適法な支払呈示をしなかったときは，遡求義務者に対する遡求権を失う。

10.2　満期以外の支払

　手形の所持人は，当然満期前には支払を求めることはできないし，また満期前には弁済の受領を強制されない（手77条1項3号・40条1項）。しかし，振出人は所持人の同意があれば満期前の支払ができるが，この場合は，満期における支払と異なって手形法40条3項の適用はない。それ故，振出人は自己の危険において支払をすることになり，無権利者に支払をしたときには，振出人が善意・無過失であっても免責されない（手77条1項3号・40条2項）。

　満期後すなわち支払拒絶証書作成期間経過後における支払については，満期における支払と同様，振出人が悪意・重過失なくして支払った場合には免責を受けることとなる。ただ，第三者方払手形にあっては，支払呈示の場所は，呈示期間内の支払呈示の場所と異なり，呈示期間経過後は，本則にたちかえることになるので，振出人の現実の営業所または住所である。判例においても，こうした場合，支払場所の記載だけが，呈示期間経過後は失効すると解し，支払地における振出人の営業所または住所と解している（最判昭42年11月8日民集21巻9号2300頁）。

　支払呈示期間内に支払呈示がなされないときは，振出人は所持人の費用および危険において手形金額を供託することができる（手77条1項3号・42条）。これは，支払呈示期間内に呈示がなされない場合でも，振出人は手形債務を負担しているので，こうした場合に振出人が手形債務を免れるようにするため，法が認めたものである。

10.3　支払の猶予

　約束手形の振出人が，満期に手形金の支払ができないような場合に，振出人が所持人との間で支払猶予の特約をすれば，振出人の支払は延期されることになる（振出人と所持人との間の人的抗弁）。しかし，この特約は，振出人と所持人が拘束されるのであり，裏書人などは拘束されないから，遡求権保全の手続き

は必要である。

支払猶予の方法には，このほか手形の満期日の変更があるが，手形関係者全員の同意によって満期を変更できると解するか，これは新手形の振出となると解するかについて議論がある。

10.4　手形の書替

手形の書替とは，既存の手形債務の支払いを延期するために，満期を変更した新手形を授受することをいう（延期手形，切替手形ともいう）。この手形書替の法的性質には，①旧手形を回収して新手形が授受される場合と，②旧手形を返還しない場合とで異なる。

①　旧手形を回収して，そのひきかえに新手形が授受される場合

旧手形が返還され，それとひきかえに新手形が授受される場合には，手形書替は新手形による旧手形債務の代物弁済であって，これにより旧手形債務は消滅すると考える（通説）。新旧両手形は法律的には別個のものであり，新手形は旧手形を原因関係としてその支払にかえて交付されたものであるとする（手形を授受するに至った原因関係が，売買とか金銭消費貸借のような取引に起因するものではなく，既に交付していた手形の支払期日を延期する目的）。しかし，新旧手形は実質的には同一性が認められるので，手形書替で旧手形が返還される場合でも，旧手形に設定されていた担保や保証は消滅しないし，旧手形の取得の際に人的抗弁について善意であれば人的抗弁切断の利益を受けることとなる。

しかし，判例は，新旧手形債務は同一のもので，ただ支払が延期されただけのものと考える（大判大12年6月13日民集2巻401頁）。

②　旧手形を返還しない場合

旧手形を返還しない場合は，新手形は旧手形の「担保のため」に振り出されたものといえる。それ故，旧手形は消滅せず新旧両手形は並存し，効力をもつことになる（最判昭31年4月27日民集10巻4号459頁）。債権者は，いずれの権利を行使するも自由であるが，新手形の満期前に旧手形の権利行使がなされたとき

は，債務者は支払猶予の人的抗弁を主張できる（最判昭29年11月18日民集8巻11号2052頁）。

　また，手形の所持人は新旧いずれの手形によっても権利行使ができるが，債務者はいずれか一方に支払えばよく，双方に支払う必要はない。債務者はいずれの手形に支払う場合にも，二重払いの危険があるので，新旧両手形と引換にのみ支払うという抗弁を主張しうる。ただし，いずれか一方に支払った場合には，仮に他方を受け戻さなかったとしても，受け戻されなかった手形についても手形債務は消滅するので，債権者が再度支払を求めた場合や，手残り手形を悪意で取得した者に対しては「支払済」の抗弁を主張することができる。

11.0 遡　　　求

11.1　遡求の意義

(1) 遡求制度

　手形は満期に支払われることを予定して流通している。それゆえ、手形の流通を確保するため、手形法は、満期に支払が拒絶された場合や満期前でも満期に支払われる可能性が著しく減少したときには、手形の所持人が、その手形上の義務者である前者に対して手形金額、利息その他法定費用の弁済をもとめ、手形が満期に支払われたのと同様の経済的効果を得られるようにしている。これを遡求または償還請求という。そして、この遡求に応じて支払った裏書人が、さらにその前者に請求することを再遡求という。

(2) 遡求当事者

　遡求権者は、第一に最終の手形所持人であり（手77条1項4号・43条）、第二に自己の後者から遡求され、償還義務を果たして手形を受戻した裏書人、その保証人、無権代理人である（手77条1項4号・47条1項、8条）。

　他方、遡求義務者は、手形所持人の前者である裏書人（手77条1項1号・15条1項）とその保証人（手77条3項・32条1項）である。ただし、裏書人であっても、無担保裏書や取立委任裏書、期限後裏書のような場合は、遡求義務を負わ

ない（手77条1項1号・15条, 18条, 20条1項）。なお，約束手形の振出人は，主たる債務者であって，遡求義務者ではない。

(3) 遡求の要件

遡求の要件としては，次の実質的要件と形式的要件を充たす必要がある。

まず，遡求のための実質的要件としては，手形の所持人が支払呈示期間内に，振出人（または支払担当者）に対し適法な支払呈示をしたにもかかわらず，手形金額の全部または一部の支払が拒絶されたことが必要である（手77条1項4号・43条前段）。

支払の拒絶は，積極的な支払拒絶があったときだけでなく，振出人の不在や不明などで支払を受けられなかったときも含まれる（拒絶証書令7条2項）。手形法43条各号は，為替手形に関する規定であり，約束手形については支払拒絶による遡求だけを規定しているが，満期前でも振出人の破産宣告，支払の停止，さらにはその財産に対する強制執行が不奏功の場合にも，遡求することができると解されている。満期前でも遡求を認めないと為替手形との均衡がとれないという理由からである。

また，形式的要件としては，拒絶証書の作成が免除されている場合を除き，原則として支払呈示期間内に支払拒絶証書を作成して，支払が拒絶されたことを証明する必要がある（手77条1項4号・44条3項）。支払拒絶証書とは，支払を拒絶されたことを証明したものであるが，公証人または執行官が公正証書として作成することになる。これは，所持人が支払を拒絶されたことを容易に，かつ確実に立証できるようにするとともに，遡求義務者が安心して遡求に応じられるようにするためのものである。

支払拒絶証書の作成は支払呈示期間内になされなければならないが，この期間内に作成しない場合には，所持人は遡求権を失うので（手77条1項4号・53条），支払呈示期間は支払拒絶証書作成期間となる（手44条3項）。

さらに，遡求義務者は，「無費用償還」，「拒絶証書不要」の文字やこれと同一の意義の文字を手形上に記載することで，その支払拒絶証書の作成を免除す

ることができる（手77条1項4号・46条）。この場合，支払拒絶証書を作成しなくても遡求権を行使することができる。これは，その手形が支払を拒絶されたという事実が明らかになるのを避けるためでもある。

なお，現在の実務では，統一手形用紙には「拒絶証書不要」の文言が記載されているので，支払拒絶証書は作成されない。

(4) 不可抗力による遡求期間の延長

モラトリアムやその他の不可抗力によって，法定期間内に作成できないときは，作成期間が延長され，不可抗力がやんだときに手続きをとれば遡求することができることになっている（手77条1項4号・54条1項）。

(5) 遡求の通知

遡求をするには，予め遡求の通知をしておかなければならない（手77条1項4号・45条1項）。これは，遡求義務者に支払拒絶の事実を知らせることと，遡求に応じる資金の準備をさせるためである。とはいえ，遡求の通知は遡求権の保全・行使の要件ではないので，通知をしなくても遡求権は失わない（手77条1項4号・45条6項）。通知を怠っても，手形金額の範囲内で損害賠償を負うのみである（手77条1項4号・45条6項但書）。

手形所持人は，支払拒絶があった場合に，拒絶証書作成の日または支払呈示の日（拒絶証書作成免除の場合）に次ぐ4取引日内に，自己の裏書人（遡求義務者）に支払拒絶があったことの事実と自己の名称・宛所を通知しなければならない。そして，この通知を受けた裏書人は，その前者に対して通知を受けた日に次ぐ2取引日内に，前の通知者全員の名称及び宛所を示して自己の受けた通知を自己の裏書人に通知しなければならない（手77条1項4号・45条1項）。これを繰り返すことにより，受取人に至ることになる。

通知の方法は，書面でも・口頭でもよく，しかし立証の問題などを考えると，内容証明郵便によることの方がよい。

(6) 再 遡 求

遡求に応じて支払った裏書人は，さらに自己の前者（遡求義務者）に請求することができる（手77条1項4号・47条2項）。これを再遡求という。遡求義務が履行されると，その後の遡求義務は消滅するが，遡求義務を履行した者が再遡求権利者となり，振出人またはその者の前者に対して請求ないし遡求をなすことができる（手77条1項4号・47条4項）。

(7) 遡求義務の内容

① 遡求金額

所持人が遡求義務者に請求できる金額は，支払を受けられなかった手形金額，利息，拒絶証書作成の費用，通知の費用その他の費用である（手77条1項4号・48条1項）。また，満期前に遡求を行う場合は，支払を受けられなかった手形金額，拒絶証書作成の費用，通知の費用その他の費用と，公定割引率（銀行率）に基づき手形金額を減じた額が遡求金額である（手77項1項4号・48条2項）。

再遡求については，遡求義務に基づき支払った総金額，利息，その他支出した費用の合計額である（手77条1項4号・49条）。

② 手形義務者の合同責任

すべての遡求義務者は，所持人（遡求権者）に対して，主たる債務者である約束手形の振出人とともに，手形金の支払について合同責任を負う（手77条1項4号・47条1項）。手形所持人は，手形義務者の誰に対しても直接に請求できる。すなわち，直接の前者に対しても，または離れた前者に対しても，あるいは同時に数人に請求することもできる。また，ある1人に請求したのち，相手をかえて他の者に請求してもよい（手77条1項4号・47条2項・4項）。ただし，所持人はその中の1人から支払いを受ければ，重ねて他に請求できない。振出人以外の遡求義務者の一人が支払うと，その者とその後者の遡求義務は消滅するが，その前者の遡求義務は存続する。

手形上の義務者の責任は，連帯債務に類似する反面，重要な差異があり，合同責任とよばれる。

③ 遡求義務の履行

遡求を受けた者（遡求義務者）は，遡求金額の支払いと引きかえに，手形，拒絶証書，受取を証する旨を記載した計算書の交付を請求することができる（手77条1項4号・50条1項）。これは，二重支払の危険を回避するためである。

④ 償　還　権

遡求義務者は，遡求権者の請求を待たずして，遡求義務者自らから進んで手形を履行することができる。これを償還権（受戻権）という（手77条1項4号・50条1項）。遡求権の行使が遅れると，利息などが増大するので，その不利益を回避するためである。

12.0 為替手形

12.1 総説

　約束手形は，振出人が受取人またはその指図人に一定金額の支払を約束する証券である。他方，為替手形は，「・・・殿またはその指図人へこの為替手形と引替えに上記金額をお支払いください」というように，振出人が第三者（支払人）に宛てて，受取人その他の手形の正当な所持人に対して一定金額の支払を委託する証券をいう。このように，両者の法的性質が異なる。

　また，約束手形が振出人の支払の約束という形式をとり，手形当事者は，振出人と受取人の二者であるのに対して，為替手形は，振出人の支払委託という形式であるため，振出人（A），受取人（B），支払人（X）の三者となっている【図12－1】。為替手形は，手形授受の当事者間，すなわち振出人（A）と受取人（B）との間の原因関係のほかに，振出人（A）と支払人（X）との間の引受または支払の原因たる関係（資金関係）が問題となる（☞「12.2(4) 振出人と支払人との関係」を参照のこと）。

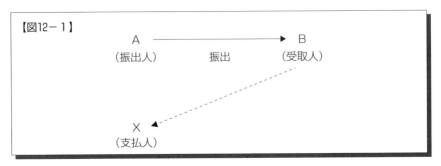

　約束手形は，振出人は自ら支払を約束しており，当初から手形金額支払いの主たる債務者である。これに対して，為替手形の振出人は，第三者に支払いの委託をした手形の発行者にすぎず，自ら支払を約束していないから，手形の主たる債務者ではない。また，支払人も，自己を支払人とする手形が振り出されただけでは，当然には手形金の支払をする義務を負うものではない。支払人は満期に支払を拒絶する場合もある。こうした場合には，手形所持人は振出人および裏書人に対して手形金額の支払を求めることができる（支払拒絶による遡求）。

　為替手形は，主たる債務者を確定させるため，手形に引受の署名により，支払人は手形金額を支払う義務を負担することになる。すなわち，為替手形の主たる債務者は引受をした支払人であり（これを「引受人」という），為替手形には，引受がなされるまで主たる債務者が存在しないことになる。引受人が満期に支払を拒絶したときには，所持人は引受人に対して，支払義務の履行を強制できる。

　約束手形は引受の制度がないので，支払拒絶による遡求はあっても，引受拒絶による遡求はない。他方，為替手形は，引受の拒絶があった場合，たとえ満期まで待っても支払われる可能性が薄い場合には，満期前であっても，引受拒絶による遡求が認められる（引受拒絶による遡求）。

　為替手形の振出人は，引受拒絶の場合に手形金額の支払をなす義務を負う遡求義務者（償還義務者）である。そして為替手形の裏書人も原則として引受および支払を担保する（手15条1項）。

　なお，小切手も，為替手形と同じく，振出人が他人に一定額の金銭の支払を

委託するという有価証券であるが，両者の経済的機能が異なる。為替手形は，信用の手段や送金・取立の手段として利用されるのに対して，小切手は現金の代用物であり，支払の手段として利用される。詳しくは，小切手の章にて詳述（☞「13.0 小切手」を参照のこと）。

12.2 振　　出

(1) 為替手形の意義と効果

　為替手形の振出は，振出人が為替手形の要件を記載しかつ署名した証券を受取人に交付することによって行われる。為替手形の振出は，支払人に対する支払委託を内容とする。したがって，為替手形の振出により，支払人は振出人の計算において手形金額を支払う権限を取得し，受取人は自己の名をもって手形金額の支払を受領する権限を取得する。為替手形の振出人は，約束手形の振出人と異なって，手形上の主たる債務者ではないが，その手形の引受および支払を担保する義務を負う（手9条1項）。すなわち，支払人が引受または支払を拒んだ場合は，遡求義務者として遡求金額を支払わねばならない（手43条，48条，49条）。

　為替手形の信用は，最終的にはこの振出人の担保責任によって確保されるから，振出人による支払を担保しないといった記載（支払無担保文句）をしても，無益的記載事項となる（手9条2項後段）。ただし，引受を担保しないという記載（引受無担保文句）は有効であり（手9条2項前段），したがって引受拒絶の時点では遡求義務を免れることができる。

(2) 為替手形の記載事項

　為替手形も約束手形と同様に要式証券であり，法定の手形要件（手1条）の記載がなければ，為替手形としての効力を生じない（手2条1項）。為替手形の要件は，次の通りである。

① 為替手形文句（手1条1号）

「証券ノ文言中ニ其ノ証券ノ作成ニ用フル語ヲ以テ記載スル為替手形ナルコトヲ示ス文字」（手1条1号）となっており，為替手形であることを示す文字である。

② 支払委託文句（手1条2号）

為替手形は振出人が支払人に一定金額の支払を委託する証券であるから，その旨の記載が必要である。統一手形用紙では，「・・・上記金額をお支払いください」と印刷されている。支払委託は単純でなければならないので，支払に条件を付けると手形そのものが無効となる。

③ 支払人（手1条3号）

「支払ヲ為スベキ者（支払人）ノ名称」であるが，為替手形の要件としては，形式的に支払人の名称が記載されていればよく，そのものが実在するか否かは問わないとされている。また振出人が自己を支払人とすることも可能である（手3条2項）。自己宛手形いう（☞「(3)手形当事者の資格兼併」を参照のこと）。

④ 満期（手1条4号）

約束手形と同様に，一覧払，一覧後定期払，日附後定期払，確定日払の4種類がある（手33条1項）。満期の記載を欠く場合は一覧払手形とみなされ，手形の無効が救済される（手2条2項）。一覧後定期払の一覧は，支払のためではなくて，引受のため支払人に呈示することを意味する（手35条1項）。それゆえ，呈示があったのち一定の期間を経過した日が満期となる。

⑤ 支払地（手1条5号）

約束手形と同様である。振出地の記載を欠くときは，振出人の名称に付記された地，いわゆる肩書地が振出地とみなされ，手形が無効とならないようになっている（手2条4項）。

⑥ 受取人（手1条6号）

約束手形と同様である。振出人から手形の交付を受ける相手方の名称であるが，誰が権利者であるか特定できる記載があればよく，仮設人の名称でもよい。

⑦ 振出日（手1条7号）

約束手形と同様であり，実際の振出日を記載する必要はない。

⑧ 振出地（手1条7号）

約束手形と同様であり，振出地の記載がない場合には，振出人の名称の肩書地があれば，それが振出地とみなされる（手2条4項）。

⑨ 振出人の署名（手1条8号）

約束手形と同様である。

こうした手形要件の他に，有益的記載事項も認められている。例えば，支払人の肩書地（手2条3項），引受呈示命令・引受呈示禁止（手22条1～3項），引受呈示期間の伸縮（手23条2項）などが認められる。また，振出人が支払を担保しない旨を記載しても記載しなかったものとみなされ（手9条2項），無益的記載事項となる。

さらに，分割払いや不確定な手形金額を記載した場合には，その記載事項だけでなく，手形自体が無効となる（有害的記載事項）。

【為替手形の図】

No.	為 替 手 形	No.	
印紙	金額 ¥1,000,000※ 殿 (受取人) 平成　年　月　日 振出地 住所 振出人	殿またはその指図人へこの為替手形と引替えに上記金額をお支払いください 拒絶証書不要	支払期日　平成　年　月　日 支払地 支払場所　○○銀行○○支店 引受　平成　年　月　日 用紙交付 ○○銀行

(3) 手形当事者の資格兼併

①振出人と受取人が同一人である為替手形（手3条1項，自己指図手形または自己受手形），②振出人と支払人とが同一人である手形（手3条2項，自己宛手

形）も認められている。

　まず①自己指図手形は，売主が，買主を支払人とし自己を受取人とする為替手形を振出し，銀行より割引を受ける場合や隔地者間の取引における債権の取り立てのためなどに利用される。例えば，大阪の売主B会社大阪支店が東京の買主Aに対して売買代金の取立を行う場合を考える。売主B会社大阪支店が，東京の買主Aを支払人とする為替手形をB会社本店を受取人として振り出す。大阪支店と本店とは同じ会社なので，振出人と受取人が同一ということになる【図12－2　自己指図為替手形】。

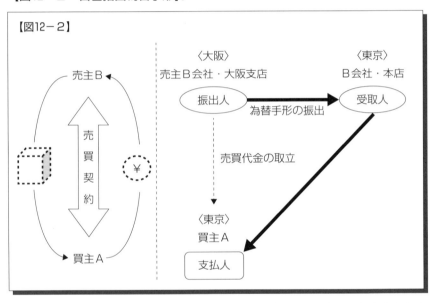

　次に，②自己宛手形は，振出人が遠隔地にある自己の営業所や支店を支払人とする手形を振出す場合などに利用される。例えば，買主であるA会社・本店が，大阪の売主Bに債務を弁済する場合を考える。この場合，買主のA会社・本店は，A会社・大阪支店を支払人とする為替手形を大阪の売主Bに振り出す。A会社の本店と大阪支店とは同じ会社なので，振出人と支払人が同一ということになる。つまり，自己宛手形は，実質上は約束手形と同様であることから，この趣旨で利用される【図12－3　自己宛為替手形】。

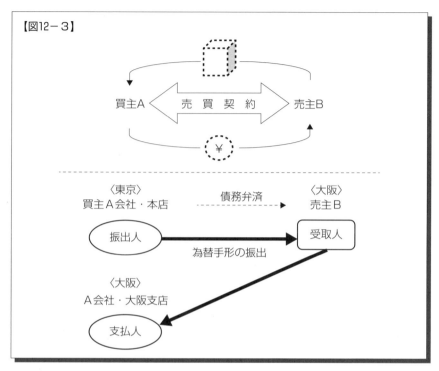

【図12−3】

 この他の場合については、手形法で明文の定めはないが、支払人と受取人とが同一である手形、さらに振出人、支払人、受取人の三者を同一人が兼併した手形も有効であると解されている。このような手形でも、第三者が裏書によって参加することが可能なので、存在を認める実益があるという。

(4) 振出人と支払人との関係

 為替手形の振出によって（支払委託を受けた）支払人がその手形の引受・支払をするのは、振出人と支払人との間に実質的な法律関係、すなわち資金関係が存在するからである。例えば、振出人が支払人にあらかじめ支払資金（現金）を提供したうえで、為替手形を振出す場合である。こうした方法以外にも、振出人が支払人たる銀行に対してもっている預金債権や支払人たる買主に対してもっている売買代金債権（売掛債権）を支払資金にあてる方法もある。さらに

は，あらかじめ支払資金の提供を受けず，支払の後に振出人が支払人に補償する旨の約束をして，手形を振り出すという方法もある。

通常は資金関係の存在を前提とするからこそ，為替手形を振出し，これに引受・支払をするのである。しかし，資金関係の存否は，為替手形上の法律関係（つまり，手形上の権利・義務の関係）に影響を及ぼさないのが原則である。したがって，資金関係のない手形の振出や引受も完全に有効である。

他方，支払人が資金関係上，振出人に対して手形の引受・支払をする義務を負っていたとしても，手形上に引受をしない限り，手形の所持人に対して支払義務を負わない。また支払人との間に資金関係があるからといっても，振出人は，支払人の引受拒絶または支払拒絶の場合には，遡求義務を免れない（支払人が資金関係上の義務を履行しない場合には，振出人から資金関係上の債務不履行の責任が問われる）。

(5) 振出人と受取人との関係

振出人と受取人との間で手形を振り出す原因関係（対価関係）は，約束手形の場合と同様に考えればよいとしているが，既存債務の履行のために為替手形（自己宛手形を除く）を振り出した場合には，その手形は支払のために授受されたものと推定されると考えられている。

12.3　引　　受

(1) 引受の意義

引受とは，為替手形の支払人が満期において手形金額の支払義務を負担する旨を表示する手形行為である。通説は，この引受を手形債務の負担を目的とする単独行為ととらえている。為替手形の支払人は，振出人から為替手形の振出により支払の委託を受けただけであるから，手形金額を支払う義務を負わない。それ故，支払人自身による引受という手形行為がなされて，はじめて支払人が手形上の義務を負うことになる（手28条1項）。この引受により，支払人が主た

る債務者となるのである。

　この引受をするか否かは支払人の自由であり，資金関係に基づいて引受義務を負っている場合でも，手形上はこの義務を負わない。

(2) 引受のための呈示
① 引受呈示自由の原則

　引受をしてもらうためには，手形を支払人に呈示しなければならない。これを引受のための呈示または引受の呈示という。この引受の呈示をするか否かは，原則として手形所持人の自由である（引受呈示自由の原則）。とはいえ，手形上の主たる債務者を確定するためにも，支払人に支払う意思があるかどうかをあらかじめ確認できる。反対に，支払人は，引受の呈示により，自己を支払人とする為替手形の存在を知ることができ，支払のための準備をすることができる。なお，一覧後定期払手形にあっては，満期を確定するために必要となる（手35条1項）。

　引受の呈示にあっては，完成した手形を現実に呈示しなければならないのであって，未完成手形である白地手形のままでは有効な権利行使としては認められない（最判昭41年10月13日民集20巻8号1632頁）。ただし，白地引受の場合，後日手形要件が補充されれば有効な引受となるが，白地手形による引受の呈示に対して引受が拒絶されても遡求はできない。

　引受の呈示は手形の正当な所持人のほか，所持人の代理人や手形の単なる占有者（たとえば手形所持人の使用人または使者）でもよい。被呈示者（呈示される者）は，支払人またはその代理人である。引受の呈示期間としては，休日を除き，振出のときから満期の前日までであるが，この期間内に呈示しないと引受拒絶の場合の遡求権を保全することができなくなる。ただし，支払人が引受をすれば，引受として有効である。なお，引受の呈示の場所は，支払人の住所または営業所である（手21条）。

② 例　　外

　手形所持人は，引受の呈示をするか否かの自由を有する。引受の呈示をせず

に，満期に直ちに支払の請求をすることもできる（手21条，引受呈示自由の原則）。ただし，例外として，(イ)引受の呈示が義務づけられている場合（引受呈示命令）と，引受の呈示が禁止されている場合（引受呈示禁止）とがある。

(イ) 引受呈示命令

　振出人や裏書人は，期間を定めまたは定めないで，引受呈示をすべき旨（引受呈示命令）を手形に記載することができる（手22条1項・4項）。一覧後定期払手形においては，満期を確定する必要があるため，所持人は振出日から1年以内に引受呈示をしなければならない（手23条1項）。なお，定められた期間内（期間の指定のない場合は満期まで）に引受の呈示を怠るときは，所持人は，すべての遡求義務者に対する引受拒絶による遡求権のみならず，支払拒絶による遡求権をも失うことになる（手53条2項）。

(ロ) 引受呈示禁止

　振出人は，全面的にまたは一定期間に限って引受呈示を禁ずる旨（引受呈示禁止文句）を手形に記載することができる（手22条3項）。これに反して引受の呈示をしても，所持人は引受拒絶による遡求権を行使することができない（手43条1項）。しかし，この引受の呈示に応じて支払人が引受をすれば，引受として有効である。

　なお，一覧後定期払手形にあっては，満期を定めるために引受呈示が必要であり，また第三者方払手形および他地払手形（支払人の住所地ではない地で支払うべきものとされた手形）では支払人に支払資金の準備の機会を与える必要があるから，こうした手形については，引受呈示禁止文句を記載することができない（手22条2項但書）。

(3) 引受行為

引受は，支払人が，為替手形の表面または裏面に，引受その他これと同一の意義を有する文言を記載し，署名（記名・捺印を含む）することによって行う正式引受（手25条1項前段）と，引受文言を表示せずに，支払人が手形の表面に単に署名する略式引受（手25条1項後段）とがある。いずれの場合も，為替手形の

本紙にしなければならず，補箋または謄本への引受は認められない。統一手形用紙には引受欄があり，そこには支払人が署名すれば正式引受となる。

　引受の日付記載の有無は，引受自体の効力に影響を与えない。しかし，遡求権を保全するために，一覧後定期払手形（手23条）と期間を定めた引受呈示命令が記載されている手形（手22条1項・4項）については，引受の日付を記載しなければならない（手25条2項）。これは，引受の呈示期間を遵守したことを明らかにするためである。もし，引受人がこの引受日付を記載しないときは，引受日付拒絶証書を作成しなければならない。これを作成しないと，所持人は遡求権を失うことになる（手25条2項）。

(4)　不単純引受

　引受は単純でなければならないが（手26条1項），引受に際して条件を付けたり，手形の記載事項を変更したりすることを不単純引受という。不単純引受が行われた場合には，所持人は引受拒絶があったものとして遡求権を行使できるが，引受人自身はその引受の文言にしたがって責任を負う（手26条2項）。

　一部引受の場合には，一部引受を有効とする方が手形当事者の利益に合致するという理由から，残額についてのみ引受拒絶があったものとされる（手26条1項但書）。手形所持人は，引受のなかった手形金額についてだけ，引受拒絶を理由として遡求することができる（手26条1項但書・手51条）。

12.4　為替手形の特徴

　以上のほかに，為替手形に関して，特徴的な点を説明しておく。

(1)　支　　　払

　支払人は，引受をすることにより引受人となり，満期に手形の支払をする義務を負う（手28条1項）。この引受人の支払義務は，引受をすることにより絶対的な義務を負う。引受人は，満期後において裏書の連続の整否を調査して，手形所持人に悪意または重大なる過失なくして支払ったときは，たとえ無権利者

に支払ったとしても，責任を免れる（手40条3項）。

(2) 裏書

裏書により，手形上の権利が被裏書人に移転される（手14条1項）。そして，為替手形の裏書人は，支払担保責任の他に，引受担保責任を負う。ただし，裏書人が手形にこれらの担保責任を負わない旨を記載した場合はこの限りではない（手15条1項）。

(3) 遡求

為替手形における遡求は，満期における支払拒絶による遡求のほかに，満期前の引受拒絶による遡求が認められる（手43条）。約束手形における遡求と異なり，為替手形の振出人も遡求義務者である。

(4) 手形保証

手形保証は為替手形にも認められる（手30～32条）。誰のために保証するのかの表示のない保証は，振出人のためになしたものとみなされる（手31条4項）。

(5) 参加

遡求原因が生じて遡求が行われるということは，遡求義務者にとっては自己の関与した手形に問題があるということが明らかになってしまう。そこで，遡求原因が生じた場合に，特定の遡求義務者のために第三者が参加をし，遡求を阻止する制度が認められている。この参加に制度には，「参加引受」のほかに「参加支払」があるが，その利用はほとんどない。

参加引受は，満期前の遡求原因が生じた場合に，満期前の遡求を阻止するために，遡求義務者を被参加人として，支払人以外の第三者が遡求義務を引受ける行為である。参加引受人は，手形所持人および被参加人より後の裏書人に対して，被参加人と同一の義務を負う（手58条1項）。

他方，参加支払は，満期前または満期後に遡求原因が生じた場合に，第三者

が遡求義務者の支払に代わる支払をなすことである。

(6) 複本・謄本

為替手形には，謄本のほかに複本の制度があり，同一の手形上の権利を表章するために発行される数通の手形をいう（手64条1項）。その数に制限はなく，そのいずれも正本であるが，その場合には，第一号手形，第二号手形というように，その証券の文言中に番号を付記しなければならない（手64条2項）。本来この制度は，そのうちの一通（送付複本）を遠隔地にいる支払人に対し引受呈示のため送付している間に，他の複本（流通複本）を譲渡する必要がある場合というような利用の仕方がある。しかし，実際には，法律関係が複雑になるなどの理由からあまり利用されていない。

謄本は，手形原本を謄写したものであるが，約束手形と同様に，これに裏書・保証ができる（手67条3項）。為替手形の謄本は，原本を保管したまま裏書することのほか，原本によって引受を求めている間に，謄本に裏書をして流通に保管させるために用いたりすることがでるという。

(7) 時効と利得償還請求権

為替手形の主たる債務者である引受人に対する債権は，満期から3年の時効となる（手70条1項）。為替手形の振出人は償還義務者であり，この者に対する権利は，拒絶証書の日付または拒絶証書免除の場合は満期の日から1年の時効にかかる（手70条2項）。

為替手形の場合，利得償還請求権の義務者としては，振出人・裏書人のほかに引受人もいる（手85条）。振出人や引受人の利得の有無については，資金関係上の問題を考慮して判断しなければならない。

13.0 小 切 手

13.1 総　説

(1) 小切手の意義

　小切手は，振出人が第三者である支払人（銀行）に宛てて，受取人またはその譲受人に対し，一定の金額の支払いをするよう委託した有価証券である。振出人が支払人に一定額の金銭の支払を委託する形式の証券であるという点では，為替手形と同様である。しかし，両者は経済的機能の面で違いがある。すなわち，為替手形は，振出人が手形の満期までの支払という信用を利用するのが狙いであるのに対し，小切手はもっぱら支払の手段である。振出人が銀行に預けている支払資金で振出人に代わって銀行に支払ってもらうことをねらった証券である。

　例えば，支払資金のある企業や個人が，資金を銀行に預けておいて，支払の必要が生じた場合に，現金のかわりに小切手を交付し，銀行で支払を受けてもらうという方法である。こうした経済的機能を保障すべく，法律は，小切手における支払人の資格を銀行に制限し（小3条），支払人の引受を禁止し（小4条），つねに一覧払に限るとした（小28条）。

(2) 小切手と銀行取引

① 小切手契約と小切手資金の必要

小切手は振出人が支払人に小切手金額の支払いを委託する証券であるが，その前提として，支払人のもとに振出人の資金があり，支払人が振出人のためにその資金を小切手の支払にあてるという契約が必要となる（資金関係）。つまり小切手の振出にあたっては，資金の存在と支払の委託を必要とする（小3条）。

そのため，振出人と銀行（支払人）との間に，「当座勘定取引契約」を結ぶ必要がある。これは顧客が銀行に当座預金として資金を預け入れ，顧客の振り出す小切手（あるいは手形）に対してその当座預金で支払ってもらうという取引契約である。この契約内容は，全国銀行協会が，「当座勘定規定（ひな型）」として統一している。この契約が結ばれると，銀行から小切手帳の交付を受け，銀行の店舗名が印刷された統一小切手用紙を用いることになる。

当座勘定契約の内容としては，当座勘定への受け入れや手形・小切手の支払である。当座勘定への預金の受け入れとしては，現金だけでなく，手形・小切手，利札，郵便為替証書，配当金などの証券類がある。

手形・小切手の支払として当座預金から支払われるが，これらの支払資金として払い出しされるだけではなく，公共料金や賃料の支払いなど各種料金の支払いのためにも払い出しされることがある（自動振替，自動支払いなどともいう）。

② 当座貸越契約

銀行は，原則として当座預金の残高の範囲内で顧客の振り出す手形や小切手の支払をする。しかし，顧客の振り出した手形や小切手の支払資金が不足しているような場合に，一定限度まで当座預金残高を超過して小切手などの支払を銀行の資金で支払う旨の契約を当座貸越契約という。通常こうした場合の当座預金の利息は，一般の貸付利息より高くなっている。

③ 過振り

当座貸越契約が結ばれていないにもかかわらず，銀行の裁量により支払資金を越えて顧客の振り出した手形や小切手の支払を行うことがあり，こういう場合を過振りという。取引先に特に信用がある場合や定期預金などの担保がある

場合に行われるものである。

(3) 自己宛小切手（預手）

　自己宛小切手とは，銀行が自分自身を支払人として振り出す小切手のことである。つまり，小切手の振出人と支払人が同一の銀行である小切手であるから，不渡りになる危険がなく，支払の確実な小切手である。この自己宛小切手は，確実な預金の裏付けがあるという意味で，預手または預金小切手ともいう。

　不動産の残金決済といった多額の金銭の取引の場合，持ち運びが容易でかつ安全で，お札の枚数を数える手間も省けるという利点から利用されている。こうした自己宛小切手をさらに線引小切手とすることで，盗難や紛失の場合の対策としてより一層安全となる（☞「13.5 線引小切手」を参照のこと）。

　当座勘定規定（ひな型）第13条では，支払保証に代わる取扱いとして，以下のような規定が設けられている。すなわち，「小切手の支払保証はしません。ただし，その請求があるときは，当行は自己宛小切手を交付し，その金額を当座勘定から引落します。」となっている。

13.2　振　　出

(1) 振出の意義

　小切手の振出は，必要的記載事項を記載して署名した小切手を相手方に交付することである。この振出は，振出人が支払人に対して小切手金の支払を委託することであり，また，小切手の振出人は支払担保責任，すなわち小切手が支払人による支払がなされなかったときは遡求義務を負う（手12条）。

(2) 小切手の記載事項

　小切手も，手形と同様にもっとも厳格な要式証券であるため，その記載事項は法定されている（小1条）。本来であれば，小切手法が要求している記載事項を記載し，振出人の署名または捺印があれば，その証券は小切手となる。しか

し，実際には，銀行が交付した小切手用紙（統一小切手用紙）を使用することになる。

(3) 小切手用紙

小切手で支払をしようとする者が，支払銀行と当座預金契約ないし当座貸越契約を結べば，銀行は小切手帳をその者に交付する【図13－1　小切手】。その際に，銀行は預金者に署名および印鑑を届けさせるのである。

【図13－1　小切手】

```
A 000000              小　切　手              東　京0000
                                              0000-000
  支払地  東京都千代田区○○町○丁目
          株式
          会社 ○　○　銀行　○　○　支店
  金額    ￥1,000,000 ※

  上記の金額をこの小切手と引替えに
  持参人へお支払いください
                  拒絶証書不要
  振出日  平成    年    月    日

  振出地              振出人
```

小切手の必要的記載事項（小切手要件）としては，以下の事項がある。

① 小切手文句（小1条1号）および支払委託文句（小1条2号）

　　小切手用紙では，「上記の金額をこの小切手と引替えに持参人へお支払いください」と記載されている。

② 小切手金額（小1条2号）

③ 支払人の名称（小1条3号）および支払地（小1条4号）

　　支払人たる資格は銀行に限られる（小3条本文）。また，支払地がない場合は，支払人の名称に附記した地が支払地とみなされる（小2条2項）。附記した地がないときは振出地を支払地とする（小2条3項）。ただし，小切

手用紙には銀行の所在地が印刷されている（「〇〇銀行〇〇支店」と「東京都千代田区〇〇町〇丁目」）。

④　振出日および振出地（小1条5号）

振出日とは，小切手が振り出されたものとして小切手上に記載された日である。しかし，小切手が実際に振り出された日が現実に一致しなくてもよい。

⑤　振出人の署名（小1条6号）

振出人は，支払担保責任を負うものとして署名しなければならない。実務においては，当座勘定契約を締結した際に金融機関に届出でた署名および印鑑によって，支払人たる銀行が支払を行う。

(4) 振出の効力

小切手の振出は，振出人が支払人に対して小切手金の支払を委託することであり，かつ小切手の振出人に対して，小切手が不渡りになった場合に遡求義務を負わせることで支払を担保している。小切手では引受が禁じられているので（小4条），振出人は支払のみを担保する（小12条前段）。これを担保しない旨の無担保文句は記載のないものとみなされる（手12条後段）。

13.3　小切手の譲渡

小切手を受け取った者は，すぐに支払銀行に支払呈示して支払を受けることができるが，小切手を譲渡し小切手金額相当の額を対価として取得することもできる。しかし，小切手の流通期間は短いから，手形と比べれば小切手の譲渡はそれほど行われていない。

なお，銀行から交付される小切手用紙には，「持参人へお支払いください」という文言が既に印刷されているが，持参人払式小切手（小5条1項3号）の用紙である。

13.4　小切手の支払

(1) 支払呈示

　小切手は，常に一覧払，すなわち小切手の呈示があればただちに支払われるべきものとされている（小28条1項前段）。小切手の場合，支払人が銀行に限られているので（小3条），支払呈示期間内に銀行に呈示して支払を受けることになる。しかし，支払銀行の店頭で直接呈示してもよいが，通常は，所持人の取引銀行に取立を委任し，手形交換を通じて呈示するのである。手形交換所における小切手の呈示は，支払のための呈示としての効力が認められる（小31条）。

　そして，小切手は現金の代用物として短期に決済されることを目指しているため，小切手の支払呈示期間が法定されている。この期間内に呈示しない場合は，所持人は振出人，裏書人などに対する遡求権を失う（小39条）。国内において振出し，かつ支払うべき小切手は，10日内に支払の呈示をする必要がある（小29条）。現金の代用物である小切手が，長期間流通して，信用証券化するのを防止し，すみやかな決済を促すためである。小切手法では，起算日となっているが，小切手に振出日として記載された日であり（小29条4項），初日を算入しない（小61条）。それ故，小切手の呈示期間は，小切手に記載された振出日を含めて11日間となる。

　支払呈示は取引日に限られており（小60条1項），支払呈示期間の末日が法定の休日のときは満了日に次ぐ第一の取引日まで伸長される（小60条2項）。なお期間中の休日は呈示期間に算入される。

(2) 呈示期間経過後の支払

　呈示期間内は支払委託の取消しはできないが（小32），支払委託の取消しがない限り，呈示期間経過後も振出人の計算において支払うことができる（小32条2項）。小切手の呈示期間は短いし，期間を徒過しやすいこと，期間経過後も支払った方が当事者の便宜などを考慮してのものである。実務においても，当座勘定規定では，支払銀行は，小切手が支払のために呈示されたときはいつ

でも当座勘定から支払うことができる旨を約定している。

(3) 不可抗力による期間の伸張

　天災地変や戦争などの不可抗力によって法定の呈示期間内に呈示できない場合は，その不可抗力がやむまで呈示期間は伸張される（手47条）。この不可抗力は，所持人の病気や海外出張といった個人的・主観的事情ではなく，天災地変や戦争などのような場合をいう。なお，不可抗力がやんだときには所持人は遅滞なく支払のため小切手を呈示しなければならない（小47条3項）。

(4) 小切手の支払

　支払人の有効な支払によって小切手関係は消滅することとなるが，呈示期間内における呈示に対してだけでなく，呈示期間経過後になされた呈示に対する支払も有効である。有効な支払により，所持人の振出人・裏書人などに対する償還請求権は消滅することとなり，支払人は，支払の結果を振出人の計算に帰せしめることができる。

　小切手の所持人が，銀行で支払のための呈示をし，支払を受ける場合もあれば，取引銀行に取り立ての依頼がなされたり，小切手の預け入れによって預金とする方法もある。

(5) 支払委託の取消し

　支払委託の取消しは，振出人から銀行に対して，振出した小切手が支払われる前に，その支払をしないでほしいと通知することである。これ以後，支払銀行が小切手の支払をしても，それを振出人の計算に帰せしめることはできない。

　しかし，小切手の所持人の利益を保護するため，小切手の支払委託の取消しは，呈示期間経過後においてのみ効力を有するので（小32条1項），呈示期間経過前に支払委託の取消しがなされても効力を生じない。そして，呈示期間経過前に支払委託の取消しがあっても，支払銀行は小切手の支払をしても，その結果を振出人の計算に帰せしめることができる。ただし，支払銀行が支払を拒絶

したときは，小切手の所持人は，前者に対して遡求することになる。

(6) 先日付小切手

　小切手の振出時には資金の準備はないが，何日か後には資金の手当てが見込まれるといった資金繰りを考慮して，振出日を実際の振出しの日よりも後の将来の日付にして振出す小切手を，先日付(さきひづけ)小切手という。振出日付まで支払の呈示をすることができないとすると，満期を記載したのと同じになってしまい，小切手を信用証券化したことになるので，小切手法では，振出日付の前でも支払呈示をすることができるものとしている（小28条2項）。

13.5　線引小切手

(1) 線引小切手とは

　小切手は，簡易な支払手段たる機能を発揮させるために，常に一覧払とされ，支払銀行に持ち込めばすぐに現金化できる。また，小切手は，特定人を権利者とせずに，持参人を権利者とする持参人払式小切手が多い。それ故，盗難や紛失の場合に，不正な取得者が支払を受ける危険がある。そこで，こうした危険を防止するために設けられたのが，線引小切手の制度である【図13－2　線引小切手】。

　線引小切手とは，小切手の振出人または所持人が小切手の表面に二本の平行線を引いた小切手である。横線(おうせん)小切手などともいう。

【図13−2】

　線引小切手は，支払人である銀行は銀行または自分の取引先に対してのみ支払うこととし，こうした線引小切手の支払につき制限を加えることで，盗難や紛失などの事故が生じた場合に不正の所持人が容易に支払を受けまたは譲渡するのを防止するとともに，万が一支払を受けたとしても，受領者が明らかになるよう，あるいは小切手の流通経路をたどることによって不正に支払を受けた者が判明するようにしているのである。

(2) 線引の種類

　線引には，一般線引と特定線引との２種類がある。一般線引は，小切手表面に二本の平行線を引いているに過ぎないか，あるいは二本の平行線内に「銀行」，「銀行渡り」，「BANK」などと同一の意義を有する文字を記載している小切手である（小37条２項・３項）。他方，特定線引は，二本の平行線内に特定の銀行の名称を記載したものである。悪用されることを防ぐために，数箇の特定線引がある小切手については支払人は原則として支払うことができないので，特定線引は１個に限られる（小38条４項）。ただし，２個の特定線引は，原則として認められないが，その一方が手形交換所を通じての取立目的のものである

ときにのみ例外として許される（小38条4項但書）。

(3) 線引きの効果
① 一般線引きの効果

「一般線引小切手ハ支払人ニ於テ銀行ニ対シ又ハ支払人ノ取引先ニ対シテノミ之ヲ支払フコトヲ得」としている（小38条1項）。すなわち，支払人は，銀行または支払人の取引先に対してのみ支払をすることができる。線引小切手は取引先に支払うことになるが，この「取引先」についての意味や範囲が問題となるが，事故小切手が不正な取得者に支払われることがないように予防し，万一支払っても盗人や拾得者をつきとめるのが容易であるようにしようとする目的に照らすと，銀行取引を通じて銀行がその素性を知っている者と解されているが，銀行がその者の所在を容易に確知しうる程度に継続取引関係がある者かを判断すべきことになる。

線引小切手については，一般線引か特定線引かを問わず，銀行はその取引先または他の銀行からのみ小切手を取得でき，あるいは取立の委任を受けることができる（小38条3項）。すべての銀行は，他の銀行または自行の取引先である顧客からのみ手形を譲受けまたは取立委任を受けるにすぎず，未知の顧客から小切手を受け入れることはできない。

② 特定線引の効果

特定線引小切手は，二本の平行線内の指定された銀行（被指定銀行）に対してのみ支払われる（小38条2項）。もし，被指定銀行が交換加盟銀行でないときには，他の交換加盟銀行を通じて取り立てることになるので，「被指定銀行ハ他ノ銀行ヲシテ小切手ノ取立ヲ為サシムルコトヲ得」としている（小38条2項但書）。

③ 制限違反の効果

こうした制限に違反して取引先でない者に支払った銀行は，正当な所持人の被った損害につき，小切手金額を限度とする賠償責任を負わなければならない（小38条5項）。

(4) 線引の変更・抹消

線引小切手は，振出人が最初から線引小切手として振り出すことはもちろん，小切手を取得した受取人も線引とすることができる（小37条1項）。

二本の平行線のみが引かれていた小切手の受取人が特定銀行を記載するというように，一般線引小切手を特定線引小切手に変更することは可能であるが，特定線引小切手を一般線引小切手に変更することはできない（小37条4項）。また線引の抹消，特定線引における被指定銀行の名称の抹消も許されず，こうした抹消が行われても，抹消されなかったものとみなされる（小37条5項）。

ところで，実務では，振出人と支払銀行との間の線引の効力を排除する特約ということが行われることがある。すなわち，振出人が線引小切手の裏面に届出印を押捺し，この線引小切手については持参人に支払うことができるという方法である。判例は，こうした特約は当事者間では有効としている（最判昭29年10月29日裁時171号169頁）。

なお，こうしたことに対応して，当座勘定規定でも，線引小切手の裏面に届出印の押捺があれば，線引の効力を排除されたものとみなされ，取引先以外の者へも支払うことができるものとしている（当座18条1項）。これがために損害が生じても銀行は責任を負わない旨も規定している（当座18条）。

13.6　小切手の遡求

小切手所持人が小切手を支払呈示期間内に呈示しても，支払銀行は小切手所持人に小切手金額支払義務を負っているわけではなく，小切手振出人との当座勘定契約を背景として，その小切手の支払委託に応じて小切手の支払をするだけであるから，支払銀行は色々な理由で支払を拒絶することがある。そして，小切手については，引受制度がないから，引受拒絶その他による満期前の遡求はないが，支払拒絶による遡求が認められるだけである。（小39条）

支払拒絶の証明方法としては，①公正証書（拒絶証書）のほか，②支払人の支払拒絶宣言，③手形交換所の不渡宣言によってすることが認められている

（小39条）。これらの証明書は呈示期間経過前に作らせることが必要であるが，その期間の末日に呈示があったときは，これに次ぐ第一の取引日に作らしめてもよい（小40条）。

　不可抗力により小切手の呈示または拒絶証書もしくはこれに代わる宣言の作成が妨げられた場合には，その期間の伸長が認められる（小47条）。

　小切手の所持人は，遡求義務者に対して小切手金額，法定利率による呈示の日以後の利息，および拒絶証書などの作成費用などを請求できる（手44条）。

14.0 手形・小切手上の権利の消滅

14.1 時　　効

(1) 時効制度

　時効とは，時間の経過に対して認められた法的効果である。一定の期間，所有の意思で物を占有し又は自己のためにする意思で財産権を行使することによって所有権，財産権を取得する（取得時効）。この時効を正当化する根拠としては，権利の上に眠る者は保護しないとか，時の経過により権利関係を証明することの困難さの救済等あるが，一つの理由だけでは説明できない等といわれている。

　手形・小切手の時効期間は特に短い。手形・小切手は商取引上の債務の決済手段であり，簡易，迅速かつ確実に支払われるべく仕組まれた制度であること，また手形・小切手の債務者は一般の債務者よりも厳格な責任を負担しており，こうした責任から早く解放するのが妥当であるなどといわれている。

(2) 手形・小切手債権の時効期間

　約束手形の振出人及び為替手形の引受人に対する所持人の権利（主たる権利）は，満期日より3年で時効にかかる（手70条1項・77条1項8号）。

　裏書人，為替手形の振出人及びそれらの者の保証人に対する所持人の遡求権

（第一次遡求権）は，拒絶証書の作成義務が免除されているときは満期の日から1年で時効にかかる（手70条2項・77条1項8号）。

手形の償還をした遡求義務者の他の遡求義務者に対する権利（再遡求権）は，償還の日またその者が訴えを受けた日から6ヶ月で時効にかかる（手70条3項・77条1項8号）。

小切手上の権利は，呈示期間経過後または償還の日もしくは訴えを受けた日から6ヶ月をもって時効にかかる（小51条）。

なお，初日不算入の原則（手73条・小61条）によるため，満期日の翌日から計算する。時効の計算においては満期日が休日であっても翌日を初日とする。

(3) 白地補充権の時効

満期が白地の場合の補充権の行使期間であるが，判例は，白地補充権の時効期間は5年と解していた（最判昭36年11月24日民集15巻10号2536頁，最判昭44年2月20日民集23巻2号427頁）。学説においては，白地補充権は形成権であり，その行使によって債権が発生する場合にはそれに準じて考えるべきとすると，その債権は商行為によって生じた債権と認められるから，5年の時効にかかるとする説が有力であった。他方，所持人としてはいつでも満期を補充して支払を求めうる地位にあるから，満期が到来した手形と同じく，補充権は3年の時効にかかるとする説などもある。

平成29年の民法改正にともない，商法522条が削除されたので，最高裁が依拠した条文の廃止によって，この問題をどのように解釈するのか。

(4) 時効の完成猶予および更新

権利者が請求その他権利行使の意向を明らかにすれば，それまで進行していた時効は停止する。どのような事由により時効の完成が妨げられるのか（時効の完成猶予），また新たな時効が進行を始めるのか（更新）についてであるが，原則として，民法の一般原則（民147条）が適用されることとなる。ただし，手形法・小切手法では，いくつかの点で手形・小切手の独自の特則をおいている。

時効の完成猶予または更新はその事由が生じた者に対してのみ効力がある（手71条，77条1項8号，手52条）。また，再遡求権についても独自の特則をおいている（手86条，小73条）。

14.2　利得償還請求権

(1)　利得償還請求権とは
①　利得償還請求権の意義
　手形上の権利が，手続きの欠缺（遡求権保全手続きの欠缺）または時効により消滅した場合には，手形・小切手上の債務者が手形・小切手授受の実質関係において利得を生ずることがある。それ故，不公平な利得の発生を抑制することを目的として，利得償還請求権を認めた（手85条，小72条）。
②　利得償還請求権の性質
　この権利は，手形法・小切手法が衡平の観念に基づいて特に認めた特別な請求権であるという説がある。手形（小切手）上の権利が時効または手続きの欠缺により消滅した後に法が衡平の観念から手形上の厳格性を緩和するために認めた特殊な請求権であるとする。通説・判例（最判昭和34年6月9日民集13巻6号664頁）は，このように考える。
③　利得償還請求権の当事者
　保全手続きの欠缺または時効により手形・小切手上の権利を失った当時の手形・小切手の所持人が請求権者である（手85条）。最終の最後の被裏書人に限らず，遡求義務を履行して手形を受戻した所持人も請求権者になることができる。手形・小切手上の権利者であった限り，いかなる方法で権利を取得したかは問題でなく，譲渡裏書，期限後裏書，債権譲渡の方法による取得，相続，合併による取得でもよい。
　利得償還請求権の義務者は，約束手形にあっては振出人または裏書人，為替手形にあっては振出人，裏書人または引受人，小切手にあっては振出人または裏書人である（手85条，小72条）。

(2) 利得償還請求権の発生要件

利得償還請求権が発生するためには，次の要件が必要である。

① 手形上の権利が有効に存在していたこと

利得償還請求権は手形上の権利が失権したときに発生するものであるから，手形上の権利が有効に存在していたことが必要である。白地手形が未補充の場合には，通説は失効の当時手形は未完成であったのだからこの権利は発生しないとしているが，本制度の衡平の趣旨からして，白地手形上の権利が時効消滅した後も，この利得償還請求権を認める説もある。

② 手形・小切手上の権利の消滅

所持人である利得償還の請求者が，有効に存在していた手形上の権利を手続きの欠缺または時効によって失ったことが必要である。利得償還請求権が発生するためには，他のすべての手形債務者に対する手形上の権利が消滅したことが必要であるか，さらには民法上の救済もないことを要するかが問題となるが，判例（大判昭13年5月10日民集17巻891頁）は，すべての義務者に対して手形上の権利を失い，かつ民商法上も何らかの請求権も有しないとしている。

③ 利得の存在

請求の相手方である手形債務者に利得が存在することが必要である。ここでこの利得とは，財産上の利益を受けたことであり，これには積極的に金銭を取得した場合のみならず，消極的に債務を免れた場合もいうとされている。

(3) 利得償還請求権の行使・譲渡

この権利は証券上の権利ではなく，手形法上特に認められた権利であるという理由から，この権利の行使には，証券の所持は必要でないというのが通説・判例である。この説からの理由としては，この権利は一種の債権であり，失効した手形はこの権利の存在を証明する証書にすぎないので，他の方法で立証可能であれば手形の所持のない権利行使を否定する必要はないという。他方，必要説は，この請求を受ける債務者の立場からも，権利者を確認し，二重払いを避けさせるために手形の所持を認めてやる必要があること，また権利者が手形

または除権判決（現在は除権決定——筆者）なくして権利者であることの立証の困難なことなどをあげている。

　利得償還請求権の譲渡にあっては，利得償還請求権は，手形上の権利ではないから（手形法上認められた権利），その譲渡は裏書によることはできない。それ故，民法上の債権譲渡の方法（民467条）により譲渡することとなる。他方，権利の行使に手形の所持を必要とする説では，裏書禁止手形の譲渡と同様の手続きにより譲渡することになる。

(4) 利得償還請求権の時効

　利得償還請求権は，手形・小切手上の権利が変形したものであり，「手形ニ関スル行為」（商501条4号）によって生じた債権に準じて考え，商法522条を類推適用して，5年の時効にかかるというのが，判例（最判昭42年3月31日民集21巻2号483頁）である。平成29年の民法改正にともない，商法522条が削除されたので，この問題をどのように解釈するのか。

14.3　手形・小切手の喪失

(1) 手形・小切手を喪失した場合の救済

　手形・小切手の盗難または喪失（紛失，焼失など）によって，被害者または喪失者が，ただちに手形・小切手上の権利を失ったり，消滅するものではない。しかし，手形・小切手は有価証券であり，その権利の譲渡や行使には証券の移転・所持が必要であるので，証券の所持を失った者は，手形・小切手上の権利の譲渡や行使ができなくなってしまう。そこで，証券の喪失者・盗難の被害者に，証券の所持に代わる形式的資格を回復させる制度が公示催告・除権決定の制度である（非訟事件手続法）。

(2) 公示催告・除権決定

① 公示催告の申立て

手形・小切手の所持人が証券を喪失しまたは盗難にあった場合には，非訟事件手続法（以下，非公法）の公示催告手続きによって，行うことになる。喪失手形の最後の所持人は，手形上の支払地を管轄する簡易裁判所に公示催告の申立てをすることができる（非訟法100条）。

申立てがあると裁判所は，官報などの掲載による公示催告の公告を行う（非訟法102条）。この公告には，申立人の表示，権利を争う旨の申述の終期の指定，権利を争う旨の申述の終期までに権利を争う旨の申述をし，かつ，有価証券を提出すべき旨の有価証券の所持人に対する催告，催告に応じて権利を争う旨の申述をしないことにより生ずべき失権の効力の表示がなされる（非訟法101条各号）。公示催告を官報に掲載した日から権利の届出の終期までの期間は，原則として2ヵ月を下ってはならない（非訟法103条）。

権利を争う旨の申述の終期までに権利を争う旨の申述がなければ，簡易裁判所は除権決定をすることになる（非訟法106条1項）。

② 除権決定の効力

この除権判決により，当該手形・小切手につき無効と宣言される（非訟法106条）。それゆえ，その手形・小切手は有価証券としての価値もなくなり，紙となる（除権決定の消極的効力）。

他方，除権決定によって，申立人には手形を所持するのと同じ形式的資格が回復される（除権決定の積極的効力）。しかし，除権決定は申立人が実質的権利者であることを確認するものではない。

③ 白地手形の除権決定

白地手形を喪失した者も公示催告の申立てをすることができ，除権決定があると白地手形は無効となり，申立人は白地手形の権利者としての形式的資格を取得する。判例においても，白地手形を喪失した者が除権判決（決定——筆者）を得ても手形外の意思表示によって白地を補充することも，手形の再発行を請求することもできないとしている（最判昭51年4月8日民集30巻3号183頁）。

15.0 電子記録債権

15.1 概　　要

　事業者の資金調達手段としては，売掛債権などの金銭債権の活用や手形などがあった。売掛債権などの金銭債権の活用としては，債権譲渡による方法があるが，債権の存在を確認するためのコストがかかること，同一の債権が二重に譲渡されるというリスクがある。こうした債権は手に取ることも，目で見ることもできないので，商品適格性を欠くため，取引に適していなかったのである。
　他方，手形などの有価証券というものを利用することで，手に取れ，目で見ることができ，商品適格性をもつようになった。しかし，手形にあっては，証券の作成・交付および保管・運搬にコストがかかること，さらには盗難や紛失といったリスク等の問題点があった。こうしたコストを削減するとともに，電子的な技術の発達にともない，このような手段の利便性を有効に活用する必要性が高まってきていたのであった。
　こうした状況を踏まえ，法務省及び金融庁から提出され，国会で成立した「電子記録債権法（平成19年法律第102号）」が，平成19年6月27日に公布された。事業者の資金調達の円滑化等を図るため，磁気ディスク等をもって電子債権記録機関が作成する記録原簿への電子記録を債権の発生，譲渡等の効力要件とする電子記録債権について規定するとともに，電子債権記録機関に対する監督等

について必要な事項を定めている。

　特に，電子記録債権法は，電子債権記録機関が有する原簿に金銭債権情報を記録することによって，その発生や譲渡がなされる，従来の債権や手形債権とは別の新しい金銭債権（電子記録債権）を作るものである。つまり，電子記録債権は，手形と同じで，原因となった法律関係とは無関係に権利が発生し（無因性），移転できる。

　そして，手形の代替的利用（電子手形）に大きな期待がなされているが，電子記録債権の利用はそれだけにとどまらず，シンジケートローンの流動化への活用など様々なビジネスモデルが検討されているようである。

　なお，金融庁から認可された電子債権記録機関としては，メガバンク系の「日本電子債権機構（JEMCO）」，「SMBC電子債権記録」，「みずほ電子債権記録」，さらには全国銀行協会が100％出資する「全銀電子債権ネットワーク（でんさいネット）」などがあり，電子記録債権事業へ参入している。

15.2　電子記録債権の発生

(1)　電子記録債権の定義

　電子記録債権とは，その発生又は譲渡についてこの法律の規定による電子記録（以下単に「電子記録」）を要件とする金銭債権をいう（電子記録債権法2条1項。以下，同法については条名のみを掲げる）。

　この電子記録は，発生や譲渡の効力要件となっているだけでなく（9条1項，17条），混同による電子記録債権の消滅（22条1項但書），意思表示による電子記録債権の内容等の変更（26条），質権の設定（36条1項）などでも効力要件となっている。

　電子記録は，電子債権記録機関が記録原簿に記録事項を記録することによって行うが（3条），この電子記録の請求は，法令に別段の定めがある場合を除き，電子記録権利者（2条7項）及び電子記録義務者（2条8項）の双方がしなければならない（5条1項）。ここで，電子記録権利者とは，電子記録をすることに

より，電子記録上，直接に利益を受ける者をいい（2条7項），電子記録義務者とは，電子記録をすることにより，電子記録上，直接に不利益を受ける者をいう（2条8項）。そして，電子債権記録機関は，この法律又はこの法律に基づく命令の規定による電子記録の請求があったときは，遅滞なく，当該請求に係る電子記録をしなければならない（7条1項）。

【図15－1】

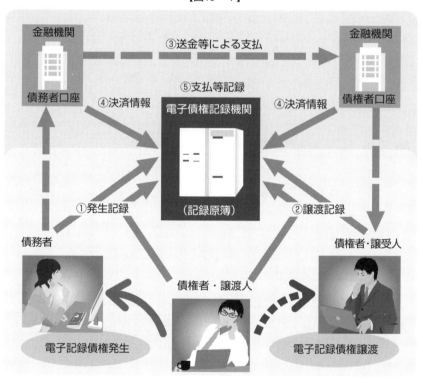

出典：金融庁HP「電子記録債権」より

(2) 発　　生

電子記録債権は，発生記録をすることによって生ずる（15条）。その発生記録については，必要的記載事項（16条1項）と任意的記載事項（同条2項）など

がある。

(3) 意思表示

電子記録の請求における相手方に対する意思表示についての錯誤または詐欺・強迫による取消し（民95条1項，96条1項・2項）は，善意でかつ重大な過失がない第三者に対抗することができないとし（12条1項），第三者を保護している。

(4) 代　　　理

無権代理人が電子記録の請求をした場合には，相手方に重大な過失がない限り，無権代理人の免責を認めないこととしている（13条）。

15.3　電子記録債権の譲渡

(1) 電子記録債権の譲渡

電子記録債権の譲渡は，譲渡記録をしなければ，その効力を生じない（17条）。そして，譲渡記録においては，必要的記載事項（18条1項）と任意的記載事項（同条2項）を記録することになる。この譲渡記録の請求は，原則として電子記録権利者と電子記録義務者双方が電子債権記録機関に対して行わなければならず，これらの者すべてが請求したときにその効力が生ずる（5条）。

電子債権記録機関は，同一の電子記録債権に関し2以上の電子記録の請求があったときは，請求の先後により電子記録の順序が決定され（8条1項），請求に係る電子記録の内容が相互に矛盾するときは，電子債権記録機関はいずれの電子記録もしてはならない（同条2項）。こうすることで，債権は可視性が高く，二重譲渡は起こらないとされる。

(2) 分割譲渡

手形にあっては，手形金の一部だけを裏書譲渡することは（つまり一部裏書），

権利の分属が生じてしまうため，無効としている（手12条2項）。しかし電子記録債権は，分割して譲渡することが可能となっており（43条），大きな特徴の一つとなっている。なお，分割に際しては電子記録をしなければならない（44条，46条）。

(3) 取引の安全

電子記録債権の取引の安全を確保するための措置については，以下のものがある。

① 権利推定効

電子記録名義人（電子記録債権の債権者又は質権者として記録される者（2条6項））は，電子記録に係る電子記録債権についての権利を適法に有するものと推定される（9条2項）。つまり，電子記録名義人に権利推定効を認めものである。手形法16条1項と同趣の規定である。

② 善意取得

譲渡記録の請求により電子記録債権の譲受人として記録された者は，悪意または重過失がないない限り，当該電子記録債権を取得する（19条1項）。この者に善意取得を認めるものである。手形法16条2項と同趣の規定である。

③ 人的抗弁の切断

債権者が電子記録債務者を害することを知って電子記録債権を取得したときを除いて切断される（20条1項）。すなわち，債権者が電子記録債務者を害することを知って当該電子記録債権を取得した場合を除き，当該債権者に当該電子記録債権を譲渡した者に対する人的関係に基づく抗弁をもって債権者に対抗できない。手形法17条と同趣の規定である。

④ 支払免責

電子記録名義人（債権記録に電子記録債権の債権者又は質権者として記録されている者）に対する電子記録債権の支払いは，例えその者が無権利者であったとしても，悪意または重過失がない限り，当該支払いは有効である（21条）。手形法40条3項と同趣の規定を設けている。

15.4　電子記録債権の消滅

(1) 消　滅

　電子記録債権の消滅については，発生や譲渡の場合と異なり，支払等がなされれば，債権が消滅した旨の記録をしなくても電子記録債権は消滅するものとしている。既に支払いを受けた債権に再度の債権の行使を認める必要はないからだという。

　現在の実務においては，金銭債権の支払いは，ほとんどが債権者の口座への払込みによってなされているので，電子記録債権についても，債権者口座への払込みによって支払われるものと予想されるという。こうしたことに対応すべく，「口座間送金決済」制度が設けられ，支払による債務消滅と支払等記録は同時に行われることになる（62条以下）。これは，事前の，電子債権記録機関・債務者・銀行等の三者による契約に基づき，電子記録の債権についての支払いと支払等記録が，できる限り同時のタイミングで行われるようにするものである（63条）。

(2) 時効消滅

　電子記録債権は，これを行使できる時から3年間行使しないときは，時効によって消滅する（23条）。

15.5　電子記録債権の保証

　電子記録保証債務（電子記録保証によって生じた債務）は，その主たる債務者として記録されている者がその主たる債務を負担しない場合であっても，電子記録保証人は当該電子記録保証債務を負担する（33条）。

　電子記録保証人が出えんをして，その旨の支払等記録がされた場合には，当該電子記録保証人は，出えんにより共同の免責を得た額等の合計額について電子記録債権を取得する（35条，特別求償権）。電子記録保証を手形における裏書

人の遡求義務に相当するものとして活用することができるようにするため，電子記録保証人が弁済等した場合の求償権について，裏書人の再遡求権と類似の内容のものとしている。

15.6 電子債権記録機関

(1) 電子債権記録機関の意義

電子債権記録機関に対する監督等のための規定として，財政的基盤や適切な業務遂行能力を有する株式会社を，電子債権記録業を行う者として指定している（51条1項）。電子債権記録機関の資本金の額は，5億円を下回ってはならないといった財政的基盤も要求される（53条）。

また，公正性・中立性の確保や，他の事業の破綻リスクの遮断などの観点から，電子債権記録機関の兼業を禁止している（57条）。ただし，主務省令で定めるところにより，電子債権記録業の一部を，主務大臣の承認を受けて，銀行等，協同組織金融機関その他の者に委託することができる（58条）。

さらに，電子債権記録機関に対する監督については，主務大臣による報告徴求及び立入検査（73条），業務改善命令（74条），指定の取消し（75条），破綻時の業務移転命令等（76条）の検査・監督のための規定が設けられている。

(2) 電子債権記録機関の責任

電子債権記録機関の責任としては，不実の電子記録をしたり，権限がない者等の請求に基づく電子記録をしたことによって損害が生じた場合における被害者に対する損害賠償責任がある。電子債権記録機関の代表者及び使用人その他の従業者がその職務を行うについて無過失であったことを証明しない限り，電子債権記録機関が責任を負うことになる（立証責任の転換，11条，14条）。このため，電子債権記録機関は，情報管理態勢の整備，情報セキュリティ水準の確保，適切な本人認証の実施等の措置を講じることが必要となる。

(3) 口座間送金決済

　口座送金決済とは，電子記録債権についての支払等と支払等記録ができる限り同時のタイミングで行われることにより，債権記録の内容と債権・債務の実態を整合させる制度である。例えば，債権者は，支払等を受けたにもかかわらず，支払等記録の請求をせずに電子記録債権を譲渡する可能性がある。債務者は二重払いの危険が生じたり，支払済みの事実を立証することが困難になる可能性があるという。そこで，電子債権記録機関が債務者及び銀行等と口座間送金決済に関する契約を締結すれば，債務者が支払等を行った場合，管理機関が，債権者からの請求を待たず，職権による記録の抹消を行うという仕組みを設けている（62条，63条）。

《参考文献》

池田真朗・小野　傑・中村廉平編集『電子記録債権法の理論と実務』(経済法令研究会)
上柳克郎・北沢正啓・鴻　常夫編『新版手形法・小切手法』(有斐閣)
落合誠一・神田秀樹編『手形小切手判例百選［第六版］』(有斐閣)
川村正幸『基礎理論　手形小切手法・第2版』(法研出版)
木内宣彦・倉沢康一郎・庄子良男・高窪利一・田辺光政『シンポジューム手形・小切手法』(青林書院新社)
木村秀一『判例手形・小切手法』(中央経済社)
倉沢康一郎『手形判例の基礎』(日本評論社)
小橋一郎『新版手形法小切手法』(有信堂)
始関正光・高橋康文『一問一答　電子記録債権法』(商事法務)
島原宏明『手形法学への誘い』(八千代出版)
新海兵衛編著『手形法・小切手法』(中央経済社)
末永敏和『手形法・小切手法　基礎と展開［第2版］』(中央経済社)
鈴木竹雄・前田　庸『手形法・小切手法（新版）』(有斐閣)
田辺康平『現代手形法・小切手法』(文眞堂)
田邊宏康『手形小切手法講義』(成文堂)
田邊光政『最新手形法小切手法〔五訂版〕』(中央経済社)
筒井健夫・村松秀樹編著『一問一答　民法（債権関係）改正』(商事法務)
土橋　正・今野裕之・吉田直・布井千博・中曽根玲子『手形・小切手法30構』(青林書院)
服部栄三『手形小切手法』(商事法務研究会)
平出慶道『手形法小切手法』(有斐閣)
萩本修・仁科英隆『逐条解説　電子記録債権法』(商事法務)
前田　庸『手形法小切手法入門』(有斐閣)
丸山秀平『事例で学ぶ手形法・小切手法〔第二版〕』(法学書院)
宮島　司『やさしい手形法・小切手法〔第二版〕(法学書院)
山下眞弘『やさしい手形小切手法〔改訂版〕』(税務経理協会)
弥永真生『リーガルマインド手形法・小切手法〔第二版補訂二版〕』(有斐閣)

(敬称略)

判 例 索 引

<明治>
大判明40年3月27日民録13輯359頁 ·················· 26
大判明42年12月2日民録15輯926頁 ·················· 28

<大正>
大判大4年10月30日民録21輯1799頁 ················ 18, 25
大判大10年10月1日民録27輯1686頁 ·················· 42
大判大11年9月29日民集1巻564頁 ···················· 21
大判大12年6月13日民集2巻401頁 ···················· 83
大判大13年12月5日民集3巻12号526頁 ················ 39

<昭和>
大判昭2年3月29日民集6巻243頁 ···················· 53
大判昭7年11月19日民集11巻2120頁 ·················· 18
大判昭8年9月15日民集12巻2168頁 ·················· 18
大判昭13年5月10日民集17巻891頁 ·················· 120
最判昭25年2月10日民集4巻21号23頁 ················ 23
最判昭26年10月19日民集5巻11号612頁 ················ 24
最判昭27年11月25日民集6巻10号1051頁 ················ 52
最判昭29年10月29日裁時171号169頁 ················ 115
最判昭29年11月18日民集8巻11号2052頁 ················ 84
最判昭30年9月22日民集9巻10号1313頁 ················ 77
最判昭30年9月30日民集9巻10号1513頁 ················ 52
最判昭31年2月7日民集10巻2号27頁 ··············· 56, 72
最判昭31年4月27日民集10巻4号459頁 ················ 83
最判昭33年6月17日民集12巻10号1532頁 ················ 30
最判昭34年6月9日民集13巻6号664頁 ··············· 119
最判昭34年7月14日民集13巻7号978頁 ················ 66
最判昭35年4月12日民集14巻5号825頁 ················ 76
最判昭36年7月31日民集15巻7号1982頁 ················ 19
最判昭36年11月24日民集15巻10号2519頁 ············· 51, 55
最判昭36年11月24日民集15巻10号2536頁 ·············· 118
最判昭36年12月12日民集15巻11号2756頁 ················ 29
最判昭41年6月1日民集20巻5号1046頁 ················ 45
最判昭41年7月1日判タ198号123頁 ···················· 31
最判昭41年9月13日民集20巻7号1359頁 ············· 18, 27
最判昭41年10月13日民集20巻8今1632頁 ················ 99

133

最判昭41年11月10日民集20巻9号1756頁	44
最判昭42年3月31日民集21巻2号483頁	121
最判昭42年4月27日民集21巻3号728頁	66
最判昭42年11月8日民集21巻9号2300頁	81, 82
最判昭43年12月24日民集22巻13号3382頁	31
最判昭43年12月25日民集22巻13号3548頁	64
最判昭44年2月20日民集23巻2号427頁	45, 118
最判昭44年3月4日民集23巻3号586頁	39
最判昭44年4月3日民集23巻4号737頁	31
最判昭44年11月4日民集23巻11号1951頁	19
最判昭45年3月31日民集24巻3号182頁	77
最判昭45年6月18日民集24巻6号544頁	76
最判昭45年7月16日民集24巻7号1028頁	64
最判昭46年10月13日民集25巻7号900頁	28
最判昭46年11月16日民集25巻8号1173頁	16
最判昭47年2月10日民集26巻1号17頁	27
最判昭48年11月16日民集27巻10号1391頁	64
最判昭49年6月28日民集28巻5号655頁	32
最判昭51年4月8日民集30巻3号183頁	122
最判昭52年12月9日金商541号3頁	29
最判昭54年9月6日民集33巻5号630頁	24
最判昭55年9月5日民集34巻5号667頁	32
岐阜地判昭56年12月10日金判753号10頁	38
名古屋高判昭57年7月29日判時1051号142頁	38
最判昭61年7月10日民集40巻5号925頁	38
最判昭61年7月18日民集40巻5号977頁	53

事項索引

(あ)

悪意の抗弁 …………………………… 62
　融通手形と―― ………………… 65
後日付手形 …………………………… 40

(い)

一覧後定期払 …………………… 39, 94
一覧払 ………………………………… 38
移転行為有因論 ……………………… 14
一般線引 ……………………………… 113

(う)

受戻権 ………………………………… 89
受戻証券（性）…………………… 3, 11
裏書 …………………………… 47, 102
　――の効力 ……………………… 49
　――の不連続 …………………… 55
　――の方法・方式 ……………… 48
　――の抹消 ……………………… 53
　――の連続 ……………………… 51
裏書禁止裏書 …………………… 50, 70

(え)

延期手形 ……………………………… 83

(お)

横線小切手 …………………………… 112

(か)

書合手形 ………………………… 65, 66
確定日払 ……………………………… 39
隠れた質入裏書 ……………………… 74
隠れた手形保証 ……………………… 75
隠れた取立委任裏書 …………… 57, 72
過振 …………………………… 7, 106

(か)続き

為替手形 …………………………… 6, 91
河本フォーミュラ …………………… 63
完全裏書 ……………………………… 49

(き)

機関方式による手形行為 …………… 25
期限後裏書 ……………………… 62, 71
偽造 …………………………………… 31
基本的手形行為 ……………………… 13
記名式裏書 …………………………… 48
記名証券 ……………………………… 3
記名捺印 ……………………………… 18
　――の代行 ……………………… 25
切替手形 ……………………………… 83
金券 …………………………………… 4

(け)

権利外観理論 ………………………… 16
権利濫用の抗弁 ……………………… 63

(こ)

交換尻 ………………………………… 7
交換手形 ……………………………… 66
口座間送金決済 ………………… 128, 130
後者の抗弁 …………………………… 63
公然の質入裏書 ……………………… 73
公然の取立委任裏書 ………………… 71
交付契約説 …………………………… 15
小切手 ……………………… 6, 92, 105
公示催告 ……………………………… 121

(さ)

再遡求 …………………………… 85, 88
先日付小切手 ………………………… 112
指図禁止手形 ………………………… 57
指図証券（性）…………………… 3, 11

135

参加	102
参加支払	102
参加引受	102

（し）

資格兼併	95
資金関係	97, 106
自己宛小切手	107
自己宛手形	95, 96
時効	117
自己受手形	95
自己指図手形	95, 96
持参人払式裏書	49
質入裏書	73
隠れた――	74
支払	79
――の呈示	79
――の猶予	82
支払拒絶証書	86
支払の呈示	79, 110
支払人	6, 91, 106
修正発行説	15
償還権	89
償還請求	85
署名	17
――の代行	18, 25
法人の――	18
除権決定	121
書面性	9
白地式裏書	49
白地手形	41
――による権利行使	45
――の除権決定	122
白地補充権の時効	118
人的抗弁	59, 60
――の個別性	63
――の切断	61

（せ）

正式裏書	49
正式引受	100
設権証券（性）	1, 10
善意取得	56
――の効果	59
――の要件	56
選択無記名証券	3
線引小切手	112

（そ）

創造説	14
送付複本	103
遡求	85, 102
支払拒絶による――	92
引受拒絶による――	92

（た）

代行方式による手形行為	25
第三者方払文句	40
代理方式による手形行為	25

（て）

呈示証券（性）	3, 11
手形外観解釈の原則	10
手形客観解釈の原則	10
手形学説	14
手形貸付	8
手形権利能力	19
手形行為	13
――と表見代理	29
――と法律行為の一般原則	17
――における意思表示	21
――の代理	26
機関方式による――	25
代理方式による――	26
他人による――	25
手形行為独立の原則	13, 75

事項索引

手形行為能力 …………………… 19	
手形交換所 ………………………7,81	
手形抗弁 …………………………… 59	
手形サイト ………………………… 41	
手形の書替 ………………………… 83	
手形の偽造 ………………………… 31	
手形・小切手の権利の消滅 ……117	
手形の変造 ………………………… 32	
手形保証 ………………………75,102	
——の人的抗弁 ………………… 77	
隠れた—— ……………………… 75	
手形理論 …………………………… 14	
手形割引 …………………………… 8	
電子記録義務者 …………………125	
電子記録権利者 …………………124	
電子記録債権 ……………………123	
電子記録債権法 …………………123	
電子記録保証債務 ………………128	
電子債権記録機関 …………123,129

(と)

統一小切手用紙 …………………… 7
統一手形用紙 ……………………7,36
当座貸越契約 ……………………7,106
当座勘定規定（ひな型）…………106
当座勘定取引契約 ………………7,106
当座預金 …………………………7,106
謄本 ………………………………103
特定線引 …………………………113
取立委任裏書 …………………57,71

(な)

馴合手形 …………………………9,65

(に)

二重無権の抗弁 …………………… 64
二段階創造説 ……………………… 14

(は)

発行説 ……………………………… 15

(ひ)

引受 ………………………………… 98
引受呈示禁止 ……………………100
引受呈示自由の原則 ……………… 99
引受呈示命令 ……………………100
引受人 ……………………………… 92
引受の呈示 ………………………… 99
引受のための呈示 ………………… 99
引受無担保文句 …………………… 93
非設権証券 ………………………… 1
日付後定期払 ……………………… 39
非文言証券 ………………………… 2

(ふ)

不完全手形 ………………………… 42
複本 ………………………………103
付属的手形行為 …………………… 13
不単純引受 ………………………101
物的抗弁 ………………………59,60
不当補充 …………………………… 43
振出 ………………………35,93,107
不渡 ………………………………… 7

(ほ)

栂印 ………………………………… 18
法人の署名 ………………………… 18
補充権 ……………………………… 43

(ま)

満潮 ………………………………… 38

(み)

見せ手形 …………………………… 23

137

(む)

無因証券（性） …………………… 2, 11
無記名式裏書 …………………………… 49
無記名証券 ……………………………… 3
無権代理と手形行為 …………………… 28
無権利の抗弁 …………………………… 61
無担保裏書 ………………………… 50, 70

(め)

免責証券 ………………………………… 4

(も)

戻裏書 …………………………………… 67
文言証券（性） …………………… 2, 10

(や)

約束手形 …………………………… 5, 35
約束手形文句 ………………………… 37

(ゆ)

有因証券 ………………………………… 2
有価証券 ………………………………… 1
融通手形 …………………………… 9, 65

(よ)

要式証券（性） ………………………… 9
預金小切手 …………………… 106, 107
預手 …………………………………… 107

(り)

利息文句 ……………………………… 40
利得償還請求権 ……………… 103, 119
略式裏書 ……………………………… 49
略式引受 ……………………………… 100
流通複本 ……………………………… 103

著者紹介

池島　真策（いけしま　しんさく）
東京神田出身
名古屋商科大学教授を経て，
現在，大阪経済大学経営学部ビジネス法学科教授
〔主要著書など〕
『ビジネスベーシック手形・小切手法』（税務経理協会，2008年）
宮島司編著『現代会社法用語辞典』（税務経理協会，2008年）
編著『経営と法―学びのエッセンス〔第2版〕』（中央経済社，2012年）
『ビジネススタンダード会社法』（中央経済社，2016年）
編著『はじめてのビジネス法』（晃洋書房，2017年）
「企業集団と内部統制について」法学研究第89巻1号（2016年）
「持株会社化の制度と企業価値の創造」大阪経大論集67巻4号（2016年）
〔共著〕
その他

著者との契約により検印省略

平成30年10月25日　初版第1刷発行	ビジネスツール **手形法・小切手法**

著　者　池　島　真　策
発行者　大　坪　克　行
製版所　税経印刷株式会社
印刷所　光栄印刷株式会社
製本所　株式会社　三森製本所

発行所　〒161-0033　東京都新宿区　　株式　税務経理協会
　　　　下落合2丁目5番13号　　　　会社
振　替　00190-2-187408　　電話（03）3953-3301（編集部）
ＦＡＸ（03）3565-3391　　　　　（03）3953-3325（営業部）
URL　http://www.zeikei.co.jp/
乱丁・落丁の場合は，お取替えいたします。

Ⓒ　池島真策　2018　　　　　　　　　　　　　　　　Printed in Japan

本書の無断複写は著作権法上での例外を除き禁じられています。複写される場合は，そのつど事前に，（社）出版者著作権管理機構（電話 03-3513-6969，FAX 03-3513-6979, e-mail : info@jcopy.or.jp）の許諾を得てください。

JCOPY ＜（社）出版者著作権管理機構　委託出版物＞

ISBN978-4-419-06570-6　C3032